Von den Mädchen

Holger Niederhausen

Von den Mädchen

Das Mysterium der Unschuld

Das Menschenwesen hat eine tiefe Sehnsucht nach dem Schönen, Wahren und Guten. Diese kann von vielem anderen verschüttet worden sein, aber sie ist da. Und seine andere Sehnsucht ist, auch die eigene Seele zu einer Trägerin dessen zu entwickeln, wonach sich das Menschenwesen so sehnt.

Diese zweifache Sehnsucht wollen meine Bücher berühren, wieder bewusst machen, und dazu beitragen, dass sie stark und lebendig werden kann. Was die Seele empfindet und wirklich erstrebt, das ist ihr Wesen. Der Mensch kann ihr Wesen in etwas unendlich Schönes verwandeln, wenn er beginnt, seiner tiefsten Sehnsucht wahrhaftig zu folgen...

1. Auflage Dezember 2016

© Holger Niederhausen · Alle Rechte vorbehalten

Umschlagabbildung: CoSveta / Shutterstock, verändert

Herstellung und Verlag:
BoD – Books on Demand, Norderstedt

ISBN 978-3-7431-3880-3

Brave Mädchen kommen in den Himmel,
das unschuldige Mädchen trägt ihn im Herzen.

Denn eben diese engelähnlichen Seelen,
die wie süßduftende Blumen mitten
unter Unkraut und Dornen hervorblühen,
verhindern ganz allein,
dass die Erde keine gänzliche Wildnis werde.

(Wieland, 1755)

INHALT

Vorwort 9

Jugend 13

Schönheit 17

Anmut 41

Unschuld 65

Hingabe 101

Liebe 119

Die Seele 161

Der Geist 169

Nachwort 181

Mädchen...

Allein schon das Wort kann in der Seele eines Jungen oder eines Mannes etwas lebendig anwesend sein lassen, was in den Worten von Victor Hugo zum Ausdruck kommt, der einmal schrieb: *Die Frau ist ein Engel.* Noch viel mehr gilt dies für das Mädchen. Das Mädchen umgibt ein Geheimnis, etwas Heiliges. Dieses Buch ist der Versuch, etwas von diesem Geheimnis und diesem Heiligen erlebbar zu machen. Vielleicht wird man dann am Ende das Wort vom Engel verstehen, tiefer als jetzt...

Mädchen... Solange ich mich erinnern kann, umfasste dieses Wort alles, was jetzt die großen Kapitel dieses Buches bildet. Meine Seele trug ein tiefes Ideal in sich von dem, was ein *Mädchen* ist. Ein Ideal beinhaltet, dass es nicht auf jedes existierende Mädchen zutrifft, ja, vielleicht auf keines völlig. Und doch umfasst es in seinem ganzen Umfang das *Wesen* der Mädchen, das Wesen *des* Mädchens. Das, was in diesem Ideal lebt, ist *ganz* Mädchen – und alle anderen Mädchen sind es weniger...

Ich wusste damals noch nichts von einem spirituellen Menschenbild. Ich wusste noch nicht, dass der Mensch ein geistiges Wesen ist, dessen tiefstes Wesen jenseits von männlich und weiblich liegt; ein Wesen, das sich immer wieder verkörpert, in vielen Leben, männlich und weiblich, was dann nicht nur den Leib, sondern auch die Seele betrifft. Jetzt weiß ich, dass ein Mensch nicht nur Mann oder Frau, Junge oder Mädchen ist, sondern dass er immer auch *Mensch* ist. Das heißt, ein Mädchen *kann* gar nicht ganz Mädchen sein, weil sein Wesen immer auch über das Männlich-Weibliche hinausstrebt, weil es sich sozusagen mit Recht weigert, ganz und gar weiblich zu sein.

Das ist der tiefere Grund dafür, warum es kein in menschlicher Gestalt existierendes *Urbild* eines Mädchens auf Erden geben wird. Es gibt das gleichsam himmlische Urbild des *Mädchens* nicht auf Erden, denn auf Erden gibt es nur sich inkarnierende Menschen. Das Urbild aber ist gleichsam *nur Mädchen* – es wird immer Mädchen sein, nie Mann, ja, nicht einmal Frau...

Das ist das Ideal von einem Mädchen, das ich in meinem Herzen trug, als ich ein Junge war – und ich trage es noch immer in meinem Herzen. Es ist ein übersinnliches Ideal, im Übersinnlichen ist es eine Realität. Auf Erden offenbaren es die Mädchen, die sich inkarnierenden Menschen, die sich in diesem Leben als weiblich inkarnieren, verschieden stark. In diesem Buch möchte ich erlebbar machen, was das *Wesen* des Weiblichen ist – und vor allem das Wesen des *Mädchens*.

Es möge deutlich sein, dass dies in keiner Weise bedeutet, dass Mädchen diesem Ideal entsprechen sollten. Ich habe bereits gesagt, warum dies gar nicht möglich ist. Dennoch wird ein männliches Wesen immer dieses Urbild des Weiblichen in seiner Seele tragen, wie auch umgekehrt – und sich also immer tief berührt fühlen von jenen weiblichen Wesen, die dieses Urbild in besonderer Weise offenbaren.

Aber auch ein Mann ist ein Mensch, nicht nur Mann. Die Begegnung zwischen Mann und Frau wird immer auch eine Begegnung von Mensch und Mensch sein müssen, und wenn sie in Liebe geschieht, wird dies in unserer Zeit auch immer so sein. Dennoch liegt die tiefe Anziehung zwischen Mann und Frau gerade darin, dass sie nicht nur Mensch sind, sondern eben auch männlich und weiblich. Für die männliche Seele wird das, was übersinnlich dem realen Urbild des Mädchens entspricht, immer tief anziehend sein.

Dieses Buch möchte erlebbar machen, was es *ist*, das so anzieht...

Es will mit einer reinen Seele gelesen werden, die sich empfänglich macht für das, was jenseits des bloß Sinnlichen und jenseits des Gewöhnlichen lebt, denn dieses Buch handelt von einem heiligen Geheimnis. Die Seele muss selbst sanft werden, um so langsam und so innig lesen zu können, dass sie wirklich versteht ... weil sie berührt wird, berührt ... von dem Wesen des *Mädchens*.

Jugend...

Das Geheimnis des Mädchens hat mit seiner Jugend zu tun, das wird wohl unmittelbar empfunden werden können. Das junge Mädchen...
Das Mädchen ist noch keine Frau, es ist noch jungfräulich.

Wenn wir einmal in die Wortbildung eintauchen, können wir miterleben, wie dies bis in das Wort hinein zum Ausdruck kommt. Im Indogermanischen ist *magu* jung, *mak* bedeutet nähren, gebären. Im Althochdeutschen ist *magad* die Jungfrau. Daraus wird dann mittelhochdeutsch *maged* oder *meit*, neuhochdeutsch *Maid*.[1] Dazu gehört auch Magd (vgl. ‚Maria, die reine Magd'). Die Verkleinerungsform ist dann *magatin*, das Mädchen...

Wenn wir all diese Wandlungen nicht nur trocken zur Kenntnis nehmen, sondern mitzuempfinden versuchen, können wir daran erleben, dass gerade das deutsche Wort die reine Bedeutung des Jungseins, der Jungfrau bewahrt hat. Reine Jugend – das ist das Mädchen...

Das Mädchen ist jung, es ist jugendlich – es ist noch keine Frau. Es kann gebären (als Mädchen, das kein *Kind* mehr ist), aber es hat noch nicht geboren, es ist vielleicht auch leiblich noch ‚Jungfrau'.
Früher war dies ein und dasselbe – ein Mädchen hatte entweder schon mit einem Mann geschlafen und würde dann gebären, oder es hatte dies noch nicht. In manchen Kulturen wird geradezu eifernd darüber gewacht, ob ein Mädchen noch Jungfrau ist oder nicht...

---

[1] Im Englischen ist die Maid *maiden*. Das englische *girl* stammt dagegen von indogermanisch *gher/ghuri* ‚klein, gering', das französische *fille* vom lateinischen *filius/filia* ‚Sohn/Tochter'.

Novalis, der selbst gleichsam ein Urbild der Jugend war, schrieb einmal:

> Das schöne Geheimnis der Jungfrau, das sie eben so unaussprechlich anziehend macht, ist das Vorgefühl der Mutterschaft, die Ahndung einer künftigen Welt, die in ihr schlummert, und sich aus ihr entwickeln soll. Sie ist das treffendste Ebenbild der Zukunft.

Das ist das tiefe Geheimnis der Jugend – dass sie noch reinste Zukunft ist, wie eine Knospe am Morgen, die sich noch kaum geöffnet hat... Und das Geheimnis der *Mädchen* ist es, dass sie einmal neues Leben schenken werden...

Der Zauber der Jugend ist jedem Menschen bekannt. Wenn man nicht mehr jugendlich ist, wenn man älter wird, dann erlebt man immer tiefer, was die Jugend *hat* ... und was sie *ist*.

In der heutigen Zeit gibt es einen zunehmenden ‚Jugendwahn', das heißt das (vergebliche) Streben, die Jugend um jeden Preis festzuhalten. Davon lebt eine ganze Industrie: Cremes, Kosmetik, Pillen, Lifting, Operationen, Wellness... Ältere Männer suchen ‚junges Blut', ältere Frauen oft ebenso.

Je mehr man dies in aller Ruhe auf sich wirken lässt, desto tiefer kann man empfinden, worauf dies alles beruht; was die tiefe Sehnsucht ist, die in den Seelen der Menschen lebt. Die *Jugend* ist etwas tief Anziehendes. Die Jugend ist reine Zukunft – und natürlich umfasst sie noch viel mehr. Alles, was in diesem Buch vertieft werden wird, ist ja im Mädchen nicht getrennt, es ist in ihm eins, vereint in seinem Wesen. Die Anziehung ist also noch viel größer, sie liegt nicht nur in dem Jugendlichen an sich – und doch ist auch *diese* Anziehung bereits sehr groß...

Friedrich Hebbel (1813-1863) schrieb einmal ein Gedicht, in dem er gerade diese Jugend besingt – und zugleich Verzicht auf sie übt:

Auf ein sehr schönes junges Mädchen

Wohl lächelt mir dein roter Mund,
  Wohl reizt mich deine Huldgestalt,
Doch such' ich nicht mit dir den Bund,
  Denn du bist jung und ich bin alt.

Dir würde ein Antinous,
  Der aller Götter Liebling ist,
Noch zagen unterm ersten Kuß,
  Ob er sich nicht zu viel vermißt.

[...]

Wie wagt' ich's wohl, mich dir zu nahn,
  Der zürnenden Natur zum Hohn,
Du stehst im Anfang deiner Bahn,
  Ich seh' das dunkle Ende schon.

Wär' ich ein König, baut' ich dir,
  Das schönste Haus mit Turm und Wall
Und setzte dich hinein zur Zier,
  Wie eine Ros' in den Kristall.

Doch, da ich nur ein Dichter bin,
  Mit leichtem Kranz und Pilgerstab,
So segn' ich dich in frommem Sinn
  Und wende mich für ewig ab.

Nun stehst du in der Engel Hut,
  Bis einst die Liebe Wache hält,
Denn sie beschirmen Dichtergut,
  Bis es in reine Hände fällt.

Das Gegenbild zeichnet ein anderes Gedicht von Anton Alfred Noder (1864-1936):

An ein Mädchen

Das Licht der Schönheit, das dich hell umfließt,
Wirft auf den Weg, den du vorbeigegangen,
Den häßlich schwarzen Schatten: das Verlangen,
Der lautlos sich an deine Sohlen schließt.

Gut, daß du nicht die Männerblicke siehst,
Die lüstern und begehrlich dich umfangen
Und wie ein Mückenschwarm sich an dich hangen,
Der aus dem Sumpfe auf den Wandrer schießt.

Verbuhlt und buhlend tanzt er in den Lüften
Und läßt sich nieder auf dein dunkles Haar,
Auf Hals und Hand und Fuß und Brust und Hüften –
Du aber wandelst ruhig, keusch und klar

Hindurch auf deinen selbstgewählten Wegen,
Im Licht der Schönheit deinem Ziel entgegen.

Hier zeigt sich bereits die ganze Frage, die sich aufwirft, wenn es zu der Begegnung zwischen der Jugend und dem Alter kommt. Diese Frage stellt sich eigentlich *immer* – aber in der Begegnung mit der Jugend stellt sie sich besonders. Es ist die Frage, welche Gestalt eigentlich die eigene Seele hat.

Die Seele des Mädchens ist, wie sie ist – davon handelt dieses ganze Buch –, doch die eigene Seele, welche Gestalt hat sie...? In mehreren meiner Romane geht es genau um diese Frage.

Aber die beiden Gedichte leiten bereits auch zum nächsten Kapitel über, werfen sie doch ein Licht nicht nur auf die Jugend des Mädchens, sondern auch auf seine Schönheit...

Schönheit...

Ein junges Mädchen muss nicht schön sein, und doch ist es dies allein schon wegen seiner Jugend. Doch zum Ideal des *Mädchens* gehört seine Schönheit wie von selbst dazu. Es ist unmittelbar die innere Schönheit seiner Seele – diese wird Gegenstand der weiteren Kapitel dieses Buches sein –, aber auch seine äußere Schönheit.

Wir kommen hier an einen schwierigen Punkt. Denn ist dies nicht bereits ein diskriminierender Gedanke? Huldigt er nicht ganz einem weiteren Wahn unserer Zeit, dem ‚Schönheitswahn'?
So einfach ist es nun doch nicht. Zunächst müssen wir uns fragen, wovon wir eigentlich sprechen.
Insofern ältere Menschen ihre äußerliche ‚Schönheit' bewahren wollen, ist dies nur ein Unteraspekt des ‚Jugendwahns'. Jugend wird dann rein körperlich verstanden und dies wiederum rein äußerlich, in Bezug auf die äußere Erscheinung. Aber wie ist es mit der Tendenz zur ‚Idealfigur' auf Plakaten, in Katalogen und dann fortgesetzt in den Köpfen der Menschen überhaupt?

Vergessen wir dies alles einmal einen Moment lang und besinnen uns auf die Seele selbst. Die Seele hat eine tiefe und wahre Sehnsucht nach Schönheit. Dies bezieht sich auf alles. Man kann geradezu sagen, *Schönheit* ist das Lebenselement der Seele. Schon immer war die Kunst ein essentielles Lebenselement der Menschheit und der Menschenseele, schon immer haben die Menschen auch in ihrem Alltag die Dinge *schön* gestaltet – bis das reine Zweckdenken Platz griff, das für Schönheit keine Zeit und kein Geld mehr vorsah...
Überall, in allem, geht es um *Schönheit*. Die menschliche Seele will die Dinge nicht hässlich lassen, auch nicht einfach

nur gewöhnlich, sie will sie *schön* gestalten – und sie liebt die Schönheit in allem, wo immer sie auftritt. Für ein unbefangenes Empfinden ist es unmittelbar klar, dass Schönheit gleichsam eine *Ur-Heimat* des Seelischen überhaupt ist.

Etwas ganz anderes ist die Frage, wie sich manche Tendenzen heute gestalten. Denken wir einmal an so etwas wie ‚Germanys Next Top Model'. Was hier geschieht, ist ein Unterwerfen der Schönheitsfrage. Sie wird allem unterworfen, was die Medienwelt heute dominiert: dem Primat der Unterhaltung, der Konkurrenz, des Leistungszwanges, der Sexualisierung... Scheinbar geht es um Schönheit, aber die Schönheit selbst muss sich prostituieren...

Dazu kommt, dass in der heutigen Welt und erst recht in der heutigen Medienwelt äußere und innere Schönheit immer mehr auseinanderfallen, ja, überhaupt nichts mehr miteinander zu tun haben. Hochglanz-Models werden dafür bezahlt, dass sie äußere Schönheit zur Schau stellen – darum geht es, um nichts anderes. Auf den Laufstegen darf geradezu gar nicht mehr gelächelt werden, es geht um professionelle, kalte Eleganz, um reines Präsentieren äußerlicher Schönheit – der Modelkörper und der Kleidung, die sie tragen. Die Seele wird völlig ausgeschaltet, es geht nur noch um den Körper und das Stoffliche.

Auch die übrige Medienwelt lebt von Unterhaltung, von Sensation, von Konkurrenz und Konflikt. Nicht um Harmonie geht es, sondern um ‚Zickenkrieg', nicht um Empfindsamkeit als solche, sondern um ‚Tränen' und ‚Dramen'. Wenn es überhaupt um Emotionen geht, dann um pure Emotionen, auch hier spielt die Schönheit der Seele eigentlich keine Rolle. Wenn sie in irgendeiner Weise da ist, muss auch sie sich prostituieren...

Das also ist eine wesentliche Haupttendenz unserer Zeit: Wir leben in einem *Medien*-Zeitalter. Alles wird im Grunde *vermarktet*. Sobald man in einem Medium erscheint oder auftritt, ist man bereits Teil dieses Vermarktungsgeschehens – oder ist sogar aktiv bemüht, *sich* zu ‚vermarkten', zu ‚verkaufen'...

Das ist eigentlich das Hauptproblem: dieser unausgesprochene, aber alles beherrschende Druck zur Selbstvermarktung. Hier liegt der Punkt, an dem auch die Schönheit selbst unterworfen und dadurch pervertiert wird.
Würde nicht das Materielle, das Kommerzielle, unser Leben so sehr dominieren, würde gar kein Druck in den Köpfen bestehen, ‚schön sein zu müssen'. Es würde keinen ‚Schlankheitswahn' geben, keine Anorexie, keine Verzweiflung, weil man nicht schön oder nicht schlank ‚genug' sei. Nicht die Schönheit ist das Problem, sondern die Kommerzialisierung der Schönheit und des ganzen Lebens. Der ‚Star-Kult', der ‚Reichen-Kult', alles spielt hier mit. In den Köpfen der Menschen setzt sich fest: Ich würde auch gern ein Star sein. Ich will auch reich sein. Ich will, ich muss...

Wenn es dies alles nicht gäbe, dann wäre die Seele *frei von Zwang*. Die Schönheit würde es noch immer geben – aber die Seele könnte sich der Schönheit in aller Stille hingeben und sie neidlos oder auch mit bescheidenem Neid bewundern. Doch unter den heutigen Bedingungen ist es völlig anders, heute ist die Schönheit ein *Kampfplatz* geworden, einer der härtesten Wettbewerbe der ‚Moderne'...

Wir leben auch in einem ‚Informations-Zeitalter', die Medien überschwemmen uns täglich mit einer Flut von Bildern. Wir sehen nicht mehr einzelne Bilder, wir sehen hunderte, und in vielen dominiert das genannte Paradigma.
Wenn früher in einem Dorf ein nicht so schönes Mädchen ein sehr schönes Mädchen bewunderte und beneidete, war dies,

wie es ist. Das schöne Mädchen bekam vielleicht den schönsten Jungen der ganzen Gegend – doch auch das nicht so schöne Mädchen bekam irgendwann die Liebe von einem anderen Jungen und wurde mit ihm glücklich.
Das ist auch heute noch so. Und doch werden wir heute von Bildern von ‚Topmodels' und ‚Möchtegern-Models' überflutet, und in den Köpfen setzt sich das Urteil fest: Auf der Welt gibt es *so* viele schöne Menschen, und ich bin viel hässlicher als sie alle, dabei geht es darum, schön zu sein...
Das ist das Problem unseres Medien-Zeitalters, und das war früher ganz anders. Früher war außergewöhnliche Schönheit die *Ausnahme*, heute wird die mächtige Illusion erzeugt, es sei die Regel... Früher war Schönheit Gegenstand heimlicher Bewunderung oder vielleicht auch bösartiger Verspottung, heute glaubt man, fast schon am Rande der Gesellschaft zu stehen, wenn man *nicht* so schön ist (oder meint, es nicht zu sein)...

Man darf es nicht der *Schönheit* vorwerfen, dass es heute Mädchen gibt, die tief leiden, weil sie meinen, eine bestimmte Norm nicht zu erfüllen. Die Schönheit ist in unserer Zeit *selbst* zu einem Opfer geworden, auch wenn sie auf einen Thron gehoben wird – es ist aber der Thron des Kommerzes. Die Schönheit muss sich auf ihm selbst prostituieren, sie ist auch selbst ganz und gar Opfer geworden...

Und doch hat die *Seele* eine tiefe Sehnsucht nach Schönheit, und das wahre Wesen von Schönheit ist unantastbar, es bleibt etwas Heiliges.
Wenn ich hier die Schönheit mit dem Urbild des *Mädchens* in Verbindung bringe, auch die äußere Schönheit, so ist dies noch immer etwas Heiliges.
Betrachten wir Schönheit einmal als Gnade – als eine ganz unverdiente Gnade. Ob ein Mädchen eine schöne oder weniger schöne Leiblichkeit entwickelt, dafür kann es nichts. Das

eine Mädchen wächst heran und entfaltet eine Leiblichkeit, die gleichsam der eines (menschlichen) Engels gleicht – ein anderes nicht...

Wir müssen keinen einzigen Menschen in seiner Gestalt *hässlich* finden, aber dass die Seele manche Menschen in ihrer ganzen Erscheinung besonders *schön* findet, dafür kann sie nichts, sie sind es einfach...

Christian Morgenstern schrieb einmal:

> Schön ist eigentlich alles, was man mit Liebe betrachtet.

Das stimmt – und gerade deswegen ist kein Mensch hässlich, wenn die eigene Seele die Liebe kennt, Liebe zu jedem Menschen, in jeder Gestalt. Und doch gibt es auch eine Schönheit, die nicht erst von der Liebe gesehen wird, sondern von jedem – und die die Liebe gerade erweckt. In diesem Sinne muss man hinzufügen:

> Liebe wird eigentlich von allem erweckt, was schön ist.

Es gibt eine Schönheit, die man nicht erst mit Liebe betrachten muss, um sie zu sehen, sondern von der man bereits überwältigt wird, bevor man auch nur versuchen kann, in sich eine Liebe zu dem Betrachteten zu erwecken. Es ist eine Schönheit, die schon im ersten Anblick in der eigenen Seele eine Liebe erweckt – wahrhaft Liebe auf den ersten Blick.
Das bedeutet nicht ein tiefes Sich-Verlieben im engeren Sinne, es bedeutet ein Sich-Verlieben im weiteren Sinne. Liebe wird von allem erweckt, was schön ist. Man verliebt sich in ein schönes Mädchen *immer* – die Frage ist nur, wie tief...

*

Zum Urbild des Mädchens gehört aber die Schönheit untrennbar dazu. Es wäre widersinnig, die *Jugend* und das *Mädchen* nicht auch schön vorzustellen und zu denken. Das junge Mädchen *ist* schön...
Die dann real auf Erden existierenden Mädchen sind alle verschieden schön, aber sie sind auch alle verschieden sanft, verschieden unschuldig – sie sind alle nicht rein *Mädchen* und also auch schon aus diesem Grund alle nicht von reiner *Schönheit*.
Das *Mädchen* aber – das übersinnliche Wesen des Mädchens – ist von reiner Schönheit. Man muss gegen diesen Aspekt gar nicht ankämpfen – oder sollte es dann auch in Bezug auf alle anderen Aspekte dieses übersinnlichen Urbildes genauso tun. Wenn man es nicht tut, stellt sich nämlich die Frage, warum nicht. Die Antwort kann wiederum nur in den heutigen Zwängen liegen. Es gibt heute keinen Zwang, anmutig oder unschuldig zu sein, also kümmert einen dieses Ideal überhaupt nicht. Aber den Zwang, ‚schön' zu sein, gibt es sehr wohl – also wehrt man sich gegen dieses Ideal und bezeichnet es als diskriminierend. Aber das ist es nicht.
Das ideale Wesen des Mädchens ist *schön* – innerlich und äußerlich, beides. Seine eigene Seele kann man jederzeit so schön zu machen versuchen, wie es diesem Ideal entspricht. Bei der Leiblichkeit hat man diese Möglichkeit nicht. Wehrt man sich deshalb gegen ein solches Urbild? Aber da, *wo* man die Möglichkeit hat, versucht man es dennoch nicht?

Im Idealen gibt es keine Hässlichkeit und keine Unvollkommenheit. Das ist nicht dasselbe wie Perfektionismus, es ist einfach die *Nicht-Existenz* des Unvollkommenen.

Die Nazis wollten das, was sie als minderwertig definierten, ausrotten. Seitdem ist die Menschheitsseele traumatisiert – und wehrt sich immer wieder gegen die Existenz des Idealen.

Es wird dann behauptet, das Ideale sei immer Ideologie, es würde nur als Ideologie existieren.

Aber wir brauchen nur wiederum in unsere Seele zurückkehren, um zu *erleben*, dass in ihr diese tiefe Sehnsucht nach Schönheit existiert, nicht als Ideologie, sondern als existentielle Realität. Und auch das Wesen des Ideals ist die Vollkommenheit. *Jugend* und *Schönheit* sind einfach zwei innig zusammenhängende Begriffe. Wenn man nun Jugend rein idealisch denkt, weil man das Urbild des Mädchens denken will, muss man auch die Schönheit idealisch denken – oder aber völlig davon abstrahieren...

Ideal und Wirklichkeit sind zwei verschiedene Dinge. Wenn sich das Urbild in der äußeren Wirklichkeit auf Erden einmal tief offenbart, kann man es tief bewundern. Dem Ideal entspricht die seelische Regung der Bewunderung, der innerlichen Verehrung. Das ist wiederum etwas völlig anderes als jeder äußere Kult.

Im heutigen Schönheitskult wird das Ideal selbst vergewaltigt. Es wird nicht mehr bewundert, es wird geopfert, es wird verfügbar gemacht, es wird dominiert von zahllosen anderen Impulsen. Heidi Klum führt ihre Mädchen im Grunde vor. Aber auch die Mädchen stehen dem Ideal gar nicht besonders nahe, sie haben allenfalls ein Aussehen, das sich potentiell für eine Topmodel-Karriere eignet. Aber im Grunde sind sie nicht einmal äußerlich schöner als andere. Dennoch, selbst wenn sie es wären – sie hätten sich dem Diktat und den Anordnungen der Regie zu fügen, es geht nicht um sie, es geht über sie und über sie hinweg...

In der Welt der Ideale und Urbilder gibt es keine Unvollkommenheit – aber diese Welt ist die *Ur-Heimat* der Seele. Die wirkliche Seele, die ihrer selbst nicht entfremdet ist, braucht sich gegen Ideale nicht zu wehren, weil sie sie verehren kann – und will.

Aber die Seele ist frei, eine Idee zu ihrem Ideal zu machen. So gesehen ist *Schönheit* zunächst nur eine Idee. Die Seele hat den Begriff der Schönheit, sie weiß, was Schönheit ist, sie fühlt es, sie erlebt es. Nun kann sie dies auch zu einem Ideal machen – zu etwas, was sie aus freiem Willen und aus freier Entscheidung bewundert, *als* etwas Ideales.

Man kann das Ur-Bild des Mädchens auch so vorstellen und denken, dass die Idee und der Begriff seiner äußeren Gestalt völlig leer und unbestimmt bleibt. Dann hat man das Mädchen nur innerlich, seinem inneren Wesen nach.

Wenn man nun aber auch den Begriff der äußeren Gestalt wirklich hinzunimmt und diesen idealisiert, dann ist das Mädchen seinem Urbild nach auch in seiner äußeren Gestalt von vollkommener Schönheit. Man hat die Idee der Schönheit einfach auf alles ausgedehnt, auf das *ganze* Mädchen, innen und außen ungetrennt...

Wenn man sich dagegen wehrt, dann muss man sich auch gegen Dichter und Poeten aller Jahrhunderte wehren, die dieses Ideal immer besungen haben... Und man muss sich gegen die eigene Seele wehren, die eine Sehnsucht nach Schönheit hat.

Wehren muss man sich nicht gegen ein Ideal. Wehren muss man sich dagegen, dass es in der äußeren Welt zu einer *Norm* wird. Dagegen, dass das Ideal nicht mehr zart bewundert, sondern kalt eingefordert wird. Wehren muss man sich gegen die Opferung des Ideals selbst – gegen seine Opferung auf dem Altar der *Verfügbarkeit*.

Ein wahres Ideal *kann* niemals verfügbar werden – die einzige Reaktion, die die Seele auf ein Ideal hat, *ist* die zarte Ehrfurcht. Wann immer nicht diese Reaktion in der Seele lebt, sondern eine andere, ist das Ideal bereits kein Ideal mehr. Es ist dann tatsächlich zu einer Ideologie gemacht worden. Der heutige ‚Schönheitskult' kennt kein Ideal, er ist eine Ideologie. Das Ideal wurde herabgezogen zu einem abstoßenden Kult, in dem es darum geht, dass man mit Hilfe von Geld dafür sorgen kann, ein wenig mehr eine Norm zu erfüllen. Es ist ein ‚Tanz um das goldene Kalb' – es ist das *Gegenteil* der heiligen Seelenregung einer ehrfürchtigen Bewunderung vor einem Ideal...

*

Kehren wir zurück zu dieser heiligen Welt der Ideale. Wenden wir uns ab von der Pervertierung alles Heiligen und tauchen wir ein in das *wirkliche* Heilige, auch in Bezug auf die Schönheit...

Das Mädchen *ist* von vollkommener Schönheit. Wir brauchen nur einmal an die Welt der Märchen zu denken. Denken wir an das Dornröschen – ein Urbild des Mädchens.
Obwohl die Märchen Bilder der *Seele* sind, obwohl es in ihnen um die Frage geht, ob die Seele in ihrer ganzen Schönheit erwachen kann, sind es doch Bilder, in denen also ein Dornröschen auch in seiner äußeren Schönheit beschrieben wird. Es ist die vollkommene Schönheit eines fünfzehnjährigen Mädchens...

> [...] und endlich kam er zu dem Turm und öffnete die Türe zu der kleinen Stube, in welcher Dornröschen schlief. Da lag es und war so schön, daß er die Augen nicht abwenden konnte [...].

Man kann völlig vergessen, was in der heutigen Welt für scheinbare Zwänge existieren oder auch nicht, man kann sich einem solchen reinen Bild einmal ganz rein hingeben – und dann *spüren*, wie es nichts gibt, was sich in einem dagegen wehrt. Die reine Schönheit ist einfach nur rein schön, und die Seele fühlt dies...

Im Reich der Märchen und des Ideals entsprechen innere und äußere Schönheit einander vollkommen.

In dem folgenden Gedicht ruft Nikolaus Lenau (1802-1850) ein Mädchen dazu auf, seine innere Schönheit zu bewahren:

An ein schönes Mädchen

Wie die Ros in deinem Haare,
Mädchen, bist du bald verblüht;
Schönes Mädchen, o bewahre
Vor dem Welken dein Gemüt!

Mädchen, wenn dein Herbst gekommen
Und das ganze Paradies
Deiner Blüte dir genommen
Und dich aus dir selbst verwies;

Wenn du in des Welkens Tagen
Nicht den frohen Mut mehr hast,
Rosen in dem Haar zu tragen,
Weil den Wangen sie verblaßt;

O dann zaubert dein Gemüte,
Wenn du's vor dem Frost bewacht,
Auf dein Antlitz eine Blüte,
Leuchtend durch die Todesnacht.

Auf Erden kann die äußere Schönheit nicht auf Dauer vor dem Herbst des Lebens bewahrt werden, doch das *Gemüt*, das kann vor dem Frost bewacht werden und als innere Schönheit nach außen leuchten – und sogar durch die Todesnacht leuchten. Innere Schönheit ist *unvergänglich*...

Aber auch die äußere Schönheit berührt sogar den Tod selbst, wie andere Gedichte singen. So noch einmal Hebbel:

Auf die Genesung eines schönen Mädchens

> Wenn der Tod in neidischem Verlangen
>   Auch schon an dein keusches Bette trat,
> Ist er doch zurückgegangen,
>   Als er dich gesehen hat.
> Seine tränenlosen Augen hingen,
>   Wie erstaunt, an deinem Angesicht;
> Daß die Rosen drauf vergingen,
>   Weil er's tat, gewahrt' er nicht.
> Endlich sah er's; mit beschämten Blicken
>   Hat er nun sich von dir abgewandt;
> Auch die Lilien noch zu knicken,
>   Zitterte selbst ihm die Hand.

Die Rosen stehen hier für das Rot der Wangen des Mädchens, die Lilien stehen offenbar für die weiße, reine Seele... Aber selbst wenn der Tod schließlich voller Liebe ein Mädchen holt, geleitet er es in das Reich der Ewigkeit:

Der Tod und das Mädchen

> Ich habe mich in deinen Reiz verliebt,
> Der ohne Gleichnis ist und ohne Namen:
> Welch schönes Haar! das, wie ein goldner Rahmen
> Ein Heil'genbild, dein Angesicht umgibt.
>
> Ich liebe dich. Vom ersten Tage an,
> Der dich gesandt in dieses dunkle Leben,
> Ließ ich dich meinen Flügelschlag umweben,
> Bis ich dem Himmel heute dich gewann.
>
> Ich bin der Tod. Erschrecke nicht: ich bin
> Ein sanfter Engel, der dich sanft geleitet
> Und unter dich die Schwingen hält gebreitet;
> So trag' ich dich zu Gottes Himmel hin.

Hier unten warst du eine Blume nur;
Ein Lenz schuf dich, ein Herbst läßt dich vergehen.
Zu ew'ger Blüte wirst du auferstehen
In Gottes winterloser Gartenflur.

Richard Zoozmann (1863-1934)

Wenn selbst der Tod die Schönheit manches Mädchens bewundert, das die Dichter besingen, wie könnte dann das *Wesen des Mädchens* nicht auch von vollkommener Schönheit sein... Kein Mädchen auf Erden kann schöner sein als das Urbild des Mädchens selbst, denn dieses *ist* gerade in allem vollkommen – es ist vollkommen Mädchen, und es ist von vollkommener Schönheit, innerlich und äußerlich...

*

Manche Menschen denken, ‚Ideale' seien das Produkt von Projektionen äußerer Erfahrungen. Man sieht einige schöne Mädchen und bildet innerlich davon ausgehend eine Idealvorstellung. Aber es muss ganz umgekehrt angeschaut und gedacht werden: Die sich offenbarende Schönheit wird erkannt, *weil* die Seele ein Ideal in sich trägt. Würde sie dies nicht tun, würde sie gar nicht wissen, was ‚schön' ist – aber sie erlebt es unmittelbar.

Nun argumentieren manche Menschen, das seien Idealbilder, die sich kulturgeschichtlich entwickelt, tradiert und gewandelt haben. Darin liegt natürlich auch eine Wahrheit. Wenn man sich die Werbeplakate der verschiedenen Jahrzehnte anschaut, etwa der fünfziger, der siebziger, der neunziger Jahre, sieht man, wie sich die ‚Schönheitsideale' gewandelt haben. Doch sind diese kulturell geprägten Ideale schon dasjenige, was die Seele tief innerlich als *lebendiges Ideal* in sich tragen kann?

Das übersinnliche Ideal ist überhaupt nichts Sinnliches. So, wie Goethes Urpflanze keine sinnliche Gestalt hat, weil sie *alle* sinnlich erscheinenden Pflanzen in sich umfasst, so hat auch die übersinnliche Gestalt des *Mädchens* keine bestimmte sinnliche Gestalt. Man kann nicht sagen, sie habe Zöpfe oder welliges Haar, blondes oder braunes Haar, blaue oder grüne Augen. Es ist gleichsam alles dieses und auch nichts davon. Es ist, was es ist – vollkommene Schönheit, auch äußerlich, und doch nicht sinnlich, nicht auf eine ganz bestimmte Erscheinung beschränkt.

Das Urbild des Mädchens in seiner vollkommenen Schönheit kann man nur *denken*. Im Irdischen offenbart es sich immer nur unvollkommen – und konkret. Jedes Mädchen ist anders. Und doch kann jedes *schöne* Mädchen genau dies vom Wesen des Urbildes offenbaren: die *Schönheit*, in ganz individueller Weise, einzigartig, als *dieses* Mädchen, das zugleich ein einzigartiger Mensch ist.

Und doch ist das Urbild sogar so lebendig, dass es selbst das äußerlich nicht schöne Mädchen umfasst – denn auch ein solches kann eine wunderschöne Seele haben.

Die äußere Gestalt ist in der geistigen Welt nicht *wesentlich*. Insofern der ‚Sündenfall' als Beginn und Ursache aller Unvollkommenheit, auch des Leiblichen, mit zu berücksichtigen ist und die Seele für ihre Leiblichkeit, in die sie sich verkörpern muss, nichts kann, ist auch in dem Urbild die äußere Erscheinung nicht wesentlich. In dem Maße aber, in dem man ein Wirken der Seele und des Geistwesens des Menschen auf die Leiblichkeit mit berücksichtigt, wird dies auch für das Urbild wieder wesentlich.

Man muss unterscheiden. Die Menschenseele muss in jeder Inkarnation die vererbte Leiblichkeit hinnehmen – und kann nur auf dieser Grundlage an ihr arbeiten, um dieses Vererbte zu verwandeln, soweit es in ihrer Kraft steht. Und doch muss man als Perspektive denken können, dass die *ganze* Menschheit nach und nach wieder aus dem Seelisch-Geistigen heraus das Leibliche verwandelt, dem ‚Sündenfall' entreißt und damit wieder in ein Reich der Schönheit zurückführt. Auch wenn dieses Reich am Ende der Zeiten nicht mehr sinnlich sein wird, so wird der Weg dorthin doch für lange Zeit noch mit dem Sinnlichen verbunden bleiben.

Und so, wie sich auch jetzt schon im Leben das Seelische im Leiblichen – vor allem im Antlitz – widerspiegelt, und zwar um so differenzierter, je älter man wird, muss man auch in Bezug auf das Urbild in dieser Weise denken. Gerade beim Urbild ist das Äußere eine vollkommene Entsprechung des Inneren. *Das* genau ist der entscheidende Gedanke einer spirituellen Menschenkunde.

Das Urbild des Mädchens ist also auch äußerlich wunderschön. Es ist frei vom Sündenfall, frei von dessen Wirkungen, die hier auf Erden auch das Wirken des Seelischen auf das Leibliche *unvollkommen* bleiben lassen...

Hier auf Erden ist kein Mensch schuld an seiner leiblichen Erscheinung – im Reich der Urbilder aber gibt es die Schuld überhaupt nicht, also auch nicht die Schuld der Vererbung... Dort gibt es nur die Vollkommenheit. Vollkommene Schönheit im Seelischen, vollkommene Schönheit in der äußeren Erscheinung, die eine vollkommene Entsprechung des inneren Wesens ist.

*

Aber manchmal sieht nur der Liebende die Schönheit – für ihn ist sie da, für alle anderen scheinbar nicht. Auch dies ist ein Geheimnis... Schön ist eigentlich alles, was man mit Liebe betrachtet – aber das Geheimnis bleibt, warum in welchem Herz in einem ganz bestimmten Moment die Liebe zu einem ganz bestimmten Menschen erwacht...

Eine sehr berührende Schilderung gibt Hermann Hesse in seinem ‚Steppenwolf'. Der Erzähler erinnert sich, nach einem halben Leben auf einem Hügel über seiner Heimatstadt stehend, an seine erste Liebe:

> Damals hatte ich dem schönen Mädchen, das allein und träumerisch bergaufwärts gegangen kam und mich noch nicht sah, voll banger Erwartung entgegengesehen, hatte ihr Haar gesehen, das in dicken Zöpfen aufgebunden war und doch noch zu beiden Seiten der Wangen offne Strähnen hatte, die im Winde spielten und flossen. Ich hatte gesehen, zum erstenmal in meinem Leben, wie schön dies Mädchen war, wie schön und traumhaft dies Spiel des Windes in ihrem zarten Haar, wie schön und sehnsuchtweckend der Fall ihres dünnen blauen Kleides über die jungen Glieder hinab [...]. [...]
> So war es einst gewesen, an einem Sonntag vor fünfunddreißig Jahren, und alles Damalige war in diesem Augenblick wiedergekehrt: Hügel und Stadt, Märzwind und Knospengeruch, Rosa und ihr braunes Haar, aufschwellende Sehnsucht und süße würgende Angst. Alles war wie damals, und mir schien, ich habe niemals mehr in meinem Leben so geliebt, wie ich damals Rosa liebte.

Zur Schönheit der Mädchen gehört auch dies: ihre Leiblichkeit. ‚Wie schön und sehnsuchtweckend der Fall ihres dünnen blauen Kleides über die jungen Glieder hinab'. Das Mädchen ist in allem *zart* – auch in seinem Leib.

Hier liegt das Gebiet der Erotik, der Anziehung des Leibes. Die Anziehung des jugendlichen Leibes in all seiner Schönheit ist stärker als jemals danach. Das Jugendliche braucht überhaupt keine künstlich betonten Reize – es ist in all seiner *Natürlichkeit* reizend, reizvoll, voller Reiz, im besten unschuldigsten Sinne.

In Bezug auf alle Reize aber bleibt es die entscheidende Frage, wie die Seele darauf reagiert. Dem Ideal nach ist das auch leiblich Reizvolle des Mädchens vollkommen unschuldig. Das Mädchen ist sich seiner Schönheit überhaupt nicht bewusst – und wenn es dies ist, bleibt seine Seele auch angesichts dessen völlig unschuldig.

An ein Mädchen

Dem Frühlingsbild im weiten Land
Eröffnest du das Fensterlein;
Den Sims auch stellt die kleine Hand
Voll Rosen und Gelbveigelein,
Ach, unbewusst der Frühlingszier,
Die du, o Holde, trägst in dir!

Karl Mayer (1786-1870)

Aber was lebt in der Seele des Jungen oder des Mannes, der diese Schönheit erblickt? Nicht nur die Schönheit der Mädchenaugen, ihres Mundes, ihres Gesichtes, sondern auch die Schönheit ihres jungen Leibes?

Wir haben bereits gesehen, dass hier in der Seele weltenweite Unterschiede liegen können – zwischen scheuer Verehrung auf der einen Seite und lüsterner Begierde auf der anderen Seite. Entweder die Antwort der Seele ist ‚hässlich' und ragt tief in das Leibliche hinein, selbstbezogen, gierig, lüstern – oder sie ist mehr oder weniger *rein* und empfindet das in voller Wirklichkeit Zarte und Schöne des jungen weiblichen Leibes vor allem seelisch, auch wenn es sehr wohl bis in den Leib hinein anziehend bleibt.
Dieses Überwiegen des Seelischen äußert sich wiederum in einem zarten Berührtsein, in einer wirklichen Ehrfurcht vor der Schönheit des Mädchenleibes. Die Antwort der Seele des Mannes kann in Wirklichkeit genauso zart sein wie der Mädchenleib selbst...

Entweder erweckt also die Zartheit des Mädchens und auch seiner Leiblichkeit eine verwandte Zartheit in der Seele des Mannes – die dann also in zarter Bewunderung darauf antwortet –, oder sie weckt eine dem Mädchen überhaupt nicht verwandte, sondern ihm geradezu entgegengesetzte Gier, verbunden mit anderen, sehr groben, körperlichen und herabziehenden Gefühlen.

Die Seele des Mannes kann der Seele des Mädchens und der völlig unschuldigen Schönheit seines Leibes also nur gerecht werden, wenn er auf diese Schönheit in einer Zartheit antwortet, die der des Mädchens verwandt ist, auch wenn sie ihr nie gleichen wird...

Und diese Zartheit kann dem Mädchen nur verwandt sein, wenn sie in der Regel bedeutet, dass der Mann seine Empfindungen überhaupt nicht zeigt – denn das Mädchen will nichts von dem Mann, und es kann nichts für seine Schönheit, die jeden berührt...

Aber wir wollen noch ein Beispiel für eine solche Schönheit kennenlernen. Wenn wir uns dem Idealischen zuwenden, kommen wir irgendwann unweigerlich zu Novalis, in dessen Seele und Geist ein *magischer Idealismus* lebte.

Novalis konnte die äußere Wirklichkeit ins Idealische heben und das Idealische einzigartig in Dichtungen auferstehen lassen. Im ‚Heinrich von Ofterdingen' gibt es die Erzählung von der Königstochter und dem Jüngling, die den ganzen Zauber einer reinen Liebe entfaltet. Der König selbst ist ein Beschützer der Dichter, und das ganze Königreich lebt in einem wundersamen Frieden. Von seiner Tochter aber heißt es:

> Es schien, als hätten die Geister des Gesanges ihrem Beschützer kein lieblicheres Zeichen der Dankbarkeit geben können, als seine Tochter, die alles besaß, was die süßeste Einbildungskraft nur in der zarten Gestalt eines Mädchens vereinigen konnte.

Nun lebte auf einem abgelegenen Landgut ein alter Mann mit seinem einzigen Sohn, und eines Tages reitet die Prinzessin in den Wald, der das Landgut in einem Tale verbarg...

Die Frische des hohen Waldes lockte sie immer tiefer in seine Schatten, und so kam sie endlich an das Landgut, wo der Alte mit seinem Sohne lebte. Es kam ihr die Lust an, Milch zu trinken, sie stieg ab, band ihr Pferd an einen Baum, und trat in das Haus, um sich einen Trunk Milch auszubitten. Der Sohn war gegenwärtig, und erschrak beinah über diese zauberhafte Erscheinung eines majestätischen weiblichen Wesens, das mit allen Reizen der Jugend und Schönheit geschmückt, und von einer unbeschreiblich anziehenden Durchsichtigkeit der zartesten, unschuldigsten und edelsten Seele beinah vergöttlicht wurde.

Die Seele des modernen Menschen, die so durch und durch gewöhnlich geworden ist, kann diese ganze Ansammlung von Worten überhaupt nicht mehr fassen und vertragen – es wirkt auf sie alles wie eine furchtbare oder auch altmodische Übertreibung, oder wie süßliche, klischeehafte Sentimentalität und all dies zusammen. Aber die Seele des modernen Menschen weiß überhaupt nicht mehr wirklich, was die Welt des Idealischen eigentlich ist. Sie kennt den *Zauber* nicht mehr – und sie kennt die wirkliche Seelenkraft der *Verehrung* nicht mehr.

Wir können uns entscheiden. Wir können entweder in den Niederungen des nüchternen Realismus verbleiben, oder wir können das reale Märchenreich des Idealismus wiederentdecken. Im Realismus gibt es keinerlei Romantik – denn jede Romantik *ist* bereits Idealismus. Für den Idealismus aber gibt es keine Grenzen. Der Idealismus ist gleichsam das Organ für das *Wunder*.

Was hindert uns eigentlich daran, Novalis zu folgen? Können wir uns so etwas wirklich nicht mehr vorstellen? Oder stören uns nur bestimmte einzelne Worte? Wenn dies der Fall ist, brauchen wir nur eines zu tun: Wir müssen *langsamer* lesen, langsamer und intensiver, inniger.

Wenn wir bei jedem Wort so lange verweilen, bis sich uns seine wahre Bedeutung erschließt, brauchen wir keinerlei Widerstand mehr zu empfinden.
Wir können uns doch wohl eine *zauberhafte* Erscheinung vorstellen? Ein majestätisch, das heißt hoch edles, anmutiges weibliches Wesen, das mit allen Reizen der Jugend und Schönheit geschmückt ist? Zauberhaft – das ist bezaubernd, die Sinne und die Seele bezaubernd, in einen Zustand versetzend, in dem sie sich wie in ein Märchenreich verzaubert fühlen...
Und die Seele dieses weiblichen Wesens, sie ist so zart und unschuldig und so edel, dass sie geradezu durchsichtig ist. Es ist nichts Falsches, nichts Dunkles an ihr, sie ist durch und durch rein – eine reine Seele... Sicher, die Sprache, die Wortfolge mag etwas sehr ungewohnt oder veraltet anmuten, aber jedes einzelne Wort können wir doch, wenn wir wollen, wirklich mitempfinden?
Dann aber steht vor uns wirklich ein Ideal, eine zauberhafte Erscheinung, die eben noch ihr Pferd anbindet und dann in das Haus tritt...

Vollkommene Schönheit...

*

Die Anziehungskraft des Mädchenleibes kann man nicht verstehen ohne den Begriff des Blühens, mehr noch: des Aufblühens.

Der Leib des Mädchens ist ein Leib im Aufblühen. Seine Haut ist so zart, dass sie übersinnlich zu leuchten scheint – und sie ist so schön und zart wie das Mädchenherz selbst.

Die Augen des Mädchens sind so klar und licht wie seine Seele – so jung und unschuldig. Sein Mund ist so zart und lieblich wie sein übriger Leib – und wie eine Kirschblüte in der Natur. Sein Haar ist weich und seidig, sanft fließt es hinab, es braucht keine künstliche ‚Fülle', es braucht nur die ganze Unschuld seiner Jugend. Mädchenhaar...
Die Brust des Mädchens – nirgendwo kommt die Zartheit der ganzen Gestalt des Mädchens so zum Ausdruck wie in der heilig-unschuldigen Rundung über dem Herzen. Das Mädchen braucht sie nicht zur Schau zu stellen und kann sie nicht verbergen. Sie macht das Mädchen zum Mädchen. Es ist nicht nur ein zarter Knabe – es ist ein Mädchen. Unschuldig sind Seele und Leib noch ganz verbunden, jedes Gefühl lebt auch im Atem, und jeder Atem zeigt sich beim Mädchen so zart...
Aber die Seele des Mädchens zeigt sich in allem. Sein reiner Blick, sein ganzes Antlitz spiegelt die Seele in jedem Moment – und sogar die ganze Gestalt. Jede Geste ist beim Mädchen so sehr Spiegel seines Gefühls. Der junge Leib blüht, und auch die Seele blüht, und in ihrer Unschuld blüht jede Regung sogleich in den Leib hinein.

Die zarte Unschuld des aufblühenden Leibes bewirkt seine Anziehungskraft. Sie ist für den männlichen Leib dasselbe wie die Blüte für die Biene. Es sind jenseits von allem bewussten Begehren bereits rein objektive Wirkungen. Der weibliche Leib zieht den männlichen an... Hier liegt trotz allem ein Gebiet großer Keuschheit, im Grunde das heilige Geheimnis der Fortpflanzung. Und auch wenn die Seele dies zu empfinden beginnt, gibt es ein ganzes Gebiet *unschuldiger* Erotik. Hier lebt noch nicht die bewusst gesuchte Lust, sondern nur die tiefe Berührung durch die Schönheit des weiblichen Leibes und seiner im Mädchen noch ganz unschuldigen Reize.

Der Mädchenleib besitzt eine unbeschreibliche Schönheit, so wie die Mädchenseele eine unbeschreibliche Schönheit besitzt.

Man kann sich einmal fragen, warum ein Sonnenaufgang schön ist. Man kann sich fragen, warum eine Blumenwiese im Morgentau schön ist. Und warum ein *Mädchenleib* schön ist. Das Geheimnis des Aufblühens wird von der Seele tief empfunden. Das Geheimnis des Mädchenleibes in all seiner heiligen Schönheit wird von Seele und Leib tief empfunden. Diese Empfindung, die dann auch die Seele des Mädchens mit umschließt, kann so weit gehen, dass man noch den Boden, den der Fuß eines Mädchens berührt hat, in seiner zarten Heiligkeit empfinden kann. Noch der Fuß des Mädchens heiligt... Ein Junge macht Schritte und tritt den Boden, ein Mädchen geht heilig und *berührt* den Boden sanft...
Man kann eine Empfindung davon bekommen, was eigentlich *Sanftheit* ist – im ganzen Tun und Sinnen des Mädchens, aber auch schon in seiner Gestalt. Es gibt nichts, was im Mädchen grob ist. Selbst wenn es sich einmal gegen die Grobheit eines Menschen zur Wehr setzen muss, tut es dies nicht grob, sondern allenfalls heftig, mit sanfter Heftigkeit. Und am Leib des Mädchens ist erst recht nichts grob, hier ist alles sanft und zart, weich und fließend.

Die Seele des Mädchens ist etwas Heiliges, und der Leib ist es auch. Seine Seele ist reine Unschuld, sein Leib ist reines *Bild* der Unschuld.

*

Wagen wir noch ein weiteres Mal diesen Blick auf die heilige Mädchengestalt – und scheuen wir nicht die Wiederholung. Wie ließe sich je tiefe Schönheit mit einem einzigen Blick erschöpfen?

Der zarte Leib des Mädchens ist nicht nur aufblühend, die ganze Mädchengestalt offenbart eben auch das unbeschreiblich Sanfte und Weiche, das ihr diesen einzigartigen Zauber verleiht. Diese verletzliche Sanftheit gibt der ganzen Gestalt eines Mädchens etwas Heiliges. Es ist ein Zusammenfließen des Sinnlichen und des Seelischen – in einer tiefen Harmonie. Schon hier, in der Gestalt und Schönheit des Mädchens finden sich auch alle folgenden Kapitel, die von der *Seele* des Mädchens sprechen. Die Schönheit des jugendlichen Leibes vertieft sich in sanfte Anmut. Dies macht sie erst so berührend. Es ist jugendliche Schönheit, getaucht in Unschuld...

Das Gesicht eines Mädchens spiegelt die ganze Reinheit seiner Seele. Seine Augen zeigen unmittelbar sein ganzes Wesen, eine Welt von Unschuld. Das lange Haar des Mädchens gibt diesen unendlich zarten, weichen Eindruck, dieses Fließende. Wie das Wasser reine Hingabe ist und sich allen Formen vollkommen anpasst, so offenbart und spiegelt das Haar des Mädchens auch seine Hingabe und Sanftheit, ebenso wie seine Verletzlichkeit. Was ist so weich wie Mädchenhaar? Jede feine Strähne vertieft die Lieblichkeit seines Antlitzes.
Doch es gibt etwas, was genauso zart wie das Haar des Mädchens ist, aber noch unendlich heiliger. Es ist die unaussprechlich zarte Rundung über seinem Herzen. Hier zeigt sich die Verletzlichkeit seiner ganzen Gestalt am stärksten.
Wenn ein Mädchen oder eine Frau die weibliche Brust wie etwas Gewöhnliches behandelt oder sogar stolz zur Schau stellt, verliert dieser Ort des Leibes sein Heiliges – oder wird gar zu einem Anziehungspunkt rein körperlicher Begierden. Bei dem unschuldigen Mädchen aber stehen wir vor einem Mysterium. Denn bei ihm ist diese zarte und verletzliche Rundung seines Leibes einfach da, fast gegen seinen Willen, und gerade ihre Unschuld ist so anrührend. Es ist, wie wenn diese Rundung dem Willen und Eigensinn des Mädchens am wenigsten unterliegt – und es ihre Entstehung und ihr Dasein

einfach *zulassen* muss. Die Natur verleiht dem Mädchen hier eine Schönheit und auch Verletzlichkeit, für die es gar nichts kann und die es lieber verbergen würde. Darum offenbart sich hier die Unschuld des Mädchens am allerstärksten.
Zugleich ist es hier am empfindsamsten, liegt doch genau hier auch sein Herz. Jeder zarte Atem, jede leise Gefühlsregung zeigt sich hier. Aber vor allem eines empfindet man so unbeschreiblich: dass hier auch der Ursprung für alles *Tun* des Mädchens liegt. Das unschuldige Mädchen lebt in der Hingabe und unmittelbar aus dem Herzen. Von dem Wesen des Mädchens geht ein Leuchten aus, und der heilige Mittelpunkt dieses Leuchtens ist sein Herz. *Alles,* was es tut, hat hier seinen Mittelpunkt. Es bewegt sich nicht mit den Füßen, sondern mit dem Herzen.

Gerade das ist die unbeschreibliche Anmut des unschuldigen Mädchens. Die Seele *empfindet* das. Und deshalb, aus keinem anderen Grund, empfindet sie auch die Rundung über dem Herzen des Mädchens als etwas so Heiliges. Es *ist* der heiligste Ort seines Leibes...[2]

---

[2] Es kann sehr gut sein, dass Menschen Schwierigkeiten haben, dieses Heilige des Mädchenleibes wirklich tief zu empfinden. Man möge dann versuchen, all das Gesagte einmal innig an jener Mädchengestalt zu empfinden, die einen schon zu Beginn dieses Buches empfängt...

Anmut...

Ohne die Frauen würde der Mann roh, grob, einsam sein und die Anmut nicht kennen.

Francois René de Chateaubriand (1768-1848)

Chateaubriand gilt als einer der Begründer der Romantik in Frankreich. Aber kennen auch wir heute noch die Anmut? Können die Frauen sie uns heute noch lehren? Oder die Mädchen...? Was ist Anmut?

Anmut ist eine natürliche, zarte Schönheit des Wesens, die sich in allem Einzelnen offenbart – in jeder Geste, in der Art des Sprechens, in der Stimme, in der ganzen Gestalt und der kleinsten Bewegung... Anmut ist etwas, was unmittelbar berührt, eine unbeschreibliche ‚Anmutung' der Seele durch das anmutige Wesen. Es ist etwas wie eine unschuldige Sanftheit des ganzen Wesens...

In Deutschland erfuhr der Begriff der Anmut vor allem durch den jungen Wieland[3] eine weitere Verbreitung. Er wendet sich gegen ein eher sinnliches Verständnis der Anmut, wie es in Frankreich eher üblich war (Grazie), und betont wie Shaftesbury und andere in England den seelischen und damit auch moralischen Aspekt. Einen Eindruck gibt die folgende Stelle aus Wielands ‚Anti-Ovid', in der er 1752 als junger Mann von neunzehn Jahren beschreibt, welches Wesen einer Frau einen Mann wahrhaft berühren sollte. Es ist vor allem die Reinheit der Seele, die in der Schilderung lebt:

Der äußre Reiz allein, die List verbuhlter Blicke
Nimmt sein verwahrtes Herz nicht ein;

---

[3] Christoph Martin Wieland (1733-1813).

Und fühlt er auch in sich die Triebe sich entzwei'n,
So siegt er doch und bebt vor der Gefahr zurücke.
Nur wo die Unschuld sich in stille Anmuth hüllt,
Da widersteht er nicht, er ehret was er liebet,
Und sein Verstand erlaubt, daß sich sein Herz ergiebet.

Wenn auf der freien Stirn sich sanfte Hoheit bild't,
Wenn, ungelehrt in buhlerischen Tücken,
Die Augen unbewußt entzücken,
Und jeder Blick das Herz verwund't;
Wenn Großmuth, Menschenhuld den schönen Busen reget,
Und wenn ihr anmuthvoller Mund
Der Augen Geist nicht widerleget,
Ihr Lächeln ohne Hinterlist,
Und ungeschminkt ihr Witz, wie ihre Wangen, ist;
Verdient sie, daß ein Mann gern ihre Fesseln träget.

‚Nur wo die Unschuld sich in stille Anmut hüllt...' Dann ist es so, dass jeder Blick des Mädchens das Herz verwundet, und dem Mädchen selbst ist seine schöne Anmut ganz unbewusst. In seinem Herzen aber lebt ‚Menschenhuld', das heißt eine reine Liebe zum Mitmenschen...

Zwei Jahre später schreibt Wieland in ‚Erinnerungen an eine Freundin':

Wenn Tugend durch den Flor der Schönheit scheint,
Was kann so stark, wie sie, zur Liebe reizen?
Ein denkend Auge, das mit ernster Anmut
und mit der Majestät der sich bewussten Unschuld
stillschweigend tadelt oder billigt,
wie mächtig strahlet es in edle Seelen?

Unschuld kann sich ihrer also auch bewusst sein – *unschuldig* bewusst...

Das Bewusstsein wird aber niemals *selbstbezogen*, etwa, in dem Wunsch zu gefallen. Zieht dieser Trieb in die Seele ein, zerstört eine Frau gerade ihre ganze innere Schönheit: ‚Mit großer Müh vernichtet die Betrogene das Schönste von ihr selbst, und will durch Zwang das werden, was sie durch Natur schon war.'

Wiederum zwei Jahre später schreibt der nun 23-jährige Wieland ein wunderbares Stück über den Unterschied zwischen der scheinbaren und der wahren Schönheit. Es ist ein Gespräch zwischen Sokrates und der jungen, schönen Timoklea.

Sokrates trifft die Tochter seines Freundes bei ihren Vorbereitungen für ein Fest zu Ehren der Diana an. Sie gesteht dem weisen Freund ihres Vaters, dass sie ihrem Spiegel nicht traut, ihrer Sklavin noch weniger, und sie fragt ihn, ob sie schön (genug) sei. Ihre Gespielinnen, mit denen zusammen sie einen Tanz aufführen solle, seien alle so reizend wie Grazien, und sie wolle dies nicht verunstalten.
Sokrates bestätigt ihr lächelnd ihre Schönheit, stellt aber auch eine Gegenfrage, nämlich, warum sie ihre Stirn mit einer Rose schmücke. Als Timoklea erwidert, dies sei ganz natürlich, fragt Sokrates, ob die Rose also da sei, sie zu verschönern. Das Mädchen bejaht dies, worauf Sokrates fragt, ob sie die Rose also für schöner als sich selbst halte und glaube, dass ihre Schönheit ohne diese mangelhaft sei.
In verwegener Unschuld antwortet das Mädchen, die Rose sei da, damit die Zuschauer diese mit ihren Wangen vergleichen können und den Ausschlag zu ihrem Vorteil geben... Sokrates antwortet, sie hätte keine Blume wählen können, die ihr den Sieg leichter streitig machen könnte. Dennoch sei die Röte ihrer Wangen angenehmer als selbst das Rot der Rose, aber dies sei nicht der Farbe selbst zu verdanken: ‚Es kommt sehr viel auf die Augen und die Gemütsverfassung des Sehers gegen dich an.' Und diese wiederum würden berührt von der

Schönheit der Seele, denn nun gibt Sokrates das Gegenbild der eitlen Cefise, deren Wangen zwar auch ‚wie Rosen unter Lilien' seien und die ‚in gewissen Augenblicken einer vollkommen schönen Bildsäule gleiche' – aber mehr auch nicht.

Im Folgenden gibt Timoklea ihre Bewunderung für das von einem Dichter geschilderte Bild der lieblich-tugendhaften Pasithea kund. Sie gesteht, dass sie ihr gleichen möchte, aber keineswegs glaubt, dies schon zu tun. Auf die Frage des Sokrates bestätigt das Mädchen, dass es tatsächlich glaube, noch schöner werden zu müssen, um von der Rose nicht beschämt zu werden – und daraufhin bittet es:

> O wie würdest du mich verbinden [= wie verbunden würde ich dir sein], wenn du mich diese Kunst *schöner zu werden* lehren wolltest, welche gewiss niemand besser kennt als du. Du würdest die lernensbegierigste Schülerin an mir haben. Von meinen ersten Empfindungen an, habe ich die zärtlichste Neigung gegen das Schöne und Anständige gehegt; sie ist mit den Jahren gewachsen, aber ich fürchte, dass man mich das, was das Schönste und Vortrefflichste ist, noch nicht, oder nur sehr wenig, kennen gelehrt hat.

Wenn man sich von allem abstrakten Lesen befreit – kann man dann nicht tief spüren, welch eine ungeheure *Anmut* in dieser reinen, unschuldigen Sehnsucht nach dem *Guten* lebt?

Sokrates fragt Timoklea daraufhin, wo seiner Meinung nach die *Quelle* der Schönheit zu suchen sei. Als das Mädchen die Frage noch nicht ganz versteht, gibt er als Beispiel die in schönen Farben am Horizont schwebenden Wolken des frühen Morgens, die in der Sonne die Quelle ihrer Schönheit haben. Was aber sei nun die Quelle der Schönheit des Leibes? Timoklea erwidert, dass sie diese bisher für etwas hielt, das für sich selbst bestehe.

Nun schildert Sokrates das eindrückliche Beispiel eines Mädchens, das noch kürzlich für eine der schönsten Athenerinnen gehalten wurde, nun aber so verdrießliche Gesichtszüge trage, dass ein Künstler es zum Vorbild genommen haben soll, um die *Missgunst* darzustellen. Die Ursache dieser Verwandlung läge aber einzig und allein darin, dass sie seit einem Jahr mit ihren Freundinnen dem Spielen fröne und hier fortwährend Gelegenheit zu unedlen Leidenschaften gehabt habe. Und Sokrates stellt fest:

> Eine herrschende schlimme Leidenschaft, es sei nun Neid oder Eifersucht, oder lasterhafte Liebe, kann in kurzer Zeit aus einer Grazie ein Schreckbild machen.

Timoklea bittet um weitere Erklärungen, denn auch wenn die Seele einen großen Einfluss auf die Schönheit des Leibes habe, so scheine dieser doch dennoch in vielerlei Hinsicht von ihr unabhängig zu sein.
Daraufhin erklärt Sokrates, dass sowohl Leib als auch Seele von Natur aus so gebildet sind, dass sie nicht anders als schön sein können, wenn sie sich in einem natürlichen, nicht verderbten Zustand befinden, also gesund sind. Mit der Gesundheit ist die Schönheit notwendig verknüpft. Die Gesundheit der Seele aber ist die *Tugend*.
Zwischen Leib und Seele bestehe nun kein solches Verhältnis, dass die Wirkungen sofort sichtbar würden. Daher brauche es manchmal viel Zeit, bis ein verachtenswürdiges Gemüt die Schönheit des Leibes zugrundegerichtet habe. Dennoch leide die Gesundheit und Schönheit des Leibes um so mehr, je mehr sich die Seele von der Tugend entferne, während die Entwicklung inwendiger Schönheit umgekehrt auch jene zunehmen lasse.
Vor allem dann aber sei der Einfluss der Seele ungemein spürbar, wenn sie der herrschende Teil sei.

Und dann sagt Sokrates:

> Man versteht unter dem, was man Annehmlichkeiten [= angenehme, anziehende Erscheinung] oder Grazien nennet, nichts anders als diese kleinen Einflüsse, welche die Lebhaftigkeit, Schönheit und Zierlichkeit des Gemüts in den Körper hat; und wenn man genau redet, so unterscheidet man Schönheit und Anmut, wovon die letzte eben deswegen, weil sie unmittelbar aus der Seele fließet, weit edler ist als die erste.

Das Mädchen fasst dann seine Erkenntnisse zusammen, indem es feststellt, dass die vollkommene Schönheit nur bei den Dichtern existiert, dass aber in diesem Fall die Schönheit der Seele viel wesentlicher ist als die Schönheit des Leibes.
Sokrates preist nun die Schönheit ihrer Erkenntnis und geht dann dazu über, in großartigen Worten noch einmal die ganze Größe der menschlichen Seele zum Ausdruck zu bringen.
Schon die äußere Schöpfung sei von so wunderbarer Schönheit, die zarte Luft, das Licht, die grün bekleidete, mit selbst wachsenden Blumen bestickte Erde, die schönen Bildungen der Tierwelt ... schon dies staunend empfindend, wird man schließen müssen, dass es die Absicht der göttlichen Kraft, die dies alles hervorgebracht hat, gewesen sein müsse, etwas sehr Schönes und Bewunderungswürdiges hervorzubringen.
Doch wenn man den Menschen in seiner ganzen Anlage und allen seinen Verhältnissen betrachte, so finde man, dass der Schöpfer in ihm einen noch herrlicheren Beweis der Hoheit seiner Ideen dargestellt habe, als er in der ganzen übrigen sichtbaren Natur zu finden ist. Ihn allein habe er für den alles belebenden Geist und ganz und gar zur Tugend geschaffen – der alle Kräfte und Bemühungen des ganzen Menschen geheiligt sein sollen.

Und auch hier muss man wieder *erleben*, was Tugend eigentlich ist – und sich ganz von gewöhnlichen ‚Moralvorstellungen' lösen. Aber auch hier hilft Sokrates:

Es ist aber diese Tugend kein so eingeschränktes und mangelhaftes Ding, wie sich die meisten einbilden: sie ist die Gesundheit der ganzen Seele; eine standhafte Neigung zu allem, was gut und vortrefflich ist; eine inwendige Güte, die sich immer mitzuteilen trachtet [= wirksam werden will]; eine aus Einsicht fließende Liebe der Ordnung und der göttlichen Gesetze, von deren Beobachtung die Glückseligkeit der Wesen so sehr abhängt, daß der Schöpfer selbst mit seiner ganzen Allmacht keinen Menschen glücklich machen könnte, der sich diesen Gesetzen nicht unterwerfen wollte. [...] Einzelne Stücke von der Tugend, die in ein lasterhaftes oder törichtes Leben eingeflickt werden, sind wie glänzende Lappen an einem zerstückten Bettlermantel. [...]
Gewiss, Timoklea, erst alsdann wäre unsere Erde so, wie sie sein sollte, wenn der vornehmste ihrer Einwohner, dem Ursprung und der Würde seiner Seele getreu, seine Glückseligkeit in der Tugend suchte, wenn Unschuld und Wahrheit und Tugend unter uns herrschend wären. Gewiss die ganze Natur würde durch diese Veränderung ein schöneres Ansehen gewinnen.

Wenn wir dies mit vollem Ernst empfinden können, dann zeigt sich, was die Anmut ist: Sie ist *verwirklichte Tugend*, sie ist wirkliche Treue der Seele gegenüber, Treue zu ihrem *Ursprung*...

Und das Mädchen bekräftigt dies in schönster Anmut:

Wie sehr hast du mich durch diese Vorstellungen gerührt [...]! Wie groß, majestätisch und liebenswürdig ist der Mensch nach deiner Beschreibung! Und mich dünkt, ich fühle es an meinem eigenen Herzen, daß es deinen Reden Beifall gibt; es empfindet, daß es möglich ist, zu sein, wie du verlangest; und es ist voll Begierde nach dieser hohen und geistigen Schönheit [...]. Verlasse mich nicht, o Sokrates, in der süßen Beschäftigung, die künftig meine Hauptarbeit sein soll; und glaube, daß deine menschenfreundliche Sorgfalt an ein Herz gewendet ist, welches sie zu schätzen weiß.

Anmut ist die Unschuld des Herzens...

*

In einem nochmals zwei Jahre späteren Werk, ‚Theages oder Unterredungen von Schönheit und Liebe', bringt Wieland das Bild der schon aus der Antike bekannten Grazien (Charitinnen) – es sind dies drei weibliche Verkörperungen der Anmut schlechthin:

> Diese Grazien geben sich beim ersten Anblick durch die namenlose Empfindung zu erkennen, welche die bescheidne Anmut in Seelen von zartem Gefühl zu erregen pflegt. Sie sind ganz blühend, ganz Leben, ganz Seele und Geist. Die aufrichtigste Unschuld und eine naive Güte, der man sein Herz nicht versagen kann, atmet in ihren Mienen. Ein sanftwallendes Gewand [...] umschattet gleich einer Silberwolke ihre keusche Schönheit und erhöht den Eindruck derselben unendlich weit über die unreservierten Venusbilder, welche alle ihre Reizungen so wohlfeil auskramen, dass sie nichts zu erraten übrig lassen.
> Eine jede dieser Grazien drückt etwas eignes aus. Die eine scheint die *Freudigkeit der jugendlichen Unschuld* abzubilden; sie gleicht in ihrer ganzen Person einer frischen Rose, die sich in der Morgendämmerung zu öffnen anfängt, und lächelt dem Frühling, der rings um sie aufblüht, mit heitern Blicken entgegen. Eine andre stellt die *Sittsamkeit* vor. Die Farbe, welche an Anmut alle andre Farben in der Natur übertrifft, die holdselige Röte, [...] tuscht ihre sanften Wangen auf eine so feine Art [...]. Ihre Miene drückt die Empfindung einer innerlichen Würde aus, welche ihr immer leise zulispelt, nichts zu tun oder zu leiden, was dieselbe verdunkeln könnte. Die dritte lächelt uns mit einer so sanften und offenherzigen *Güte* an, und es ist etwas so Aufrichtiges und Anziehendes in ihrem Lächeln, dass ich keinen Namen für das, was sie ausdrückt, finden kann.

Die holden Wesen der weiblichen Anmut sind also die freudige, jugendliche Unschuld, die Sittsamkeit und die sanfte, offenherzige Güte. Man könnte auch sagen: unschuldige Jugend, Keuschheit und Güte, eine zutiefst *schöne Seele*...

*

Wir wissen heute überhaupt nicht mehr, was eigentlich das Wesen der Grazien ist. Es sind weit mehr als tändelnd-schöne Frauengestalten. Wenn wir sie wirklich kennenlernen, werden wir auch das Wesen der Anmut noch viel tiefer erleben können.[4]

Bereits im vorklassischen Griechenland wurden die Chariten an vielen Orten verehrt. In Orchomenos, nordwestlich von Theben, verehrten die Minyer die Chariten sogar als Hauptgottheiten. Es waren segenspendende Naturgottheiten, die innig mit den Kräften des Wachsens und Blühens zu tun hatten – so dass auch die Jugend unter ihrem Schutz stand.
Charitenkulte gab es auch an vielen anderen Orten, wo sie sich allerdings immer dienend anderen Gottheiten anschlossen. In Athen waren sie die Begleiterinnen der Aphrodite, der großen Naturgöttin aller vorderasiatischen Völker. Aphrodite wurde in der griechischen Volksreligion die Göttin der Liebe und der Schönheit. Ihren Liebreiz soll sie ihrem magischen Gürtel *charis* verdankt haben. Die Chariten also sind es, die die Schönheit *anziehend* machen.
Doch die Chariten führen im Grunde *alles* in ein Blühen und die Freude hinein. Pindar besingt im fünften Jahrhundert vor Christus die Huldgöttinnen mit den Worten: ‚Ihr verleiht ja, was da süß und freudvoll bei den Sterblichen irgend erscheint [...]. Auch die Götter walten ohne die heiligen Grazien nimmer des Chors noch der Mahle.'[5]

---

[4] Ich beziehe mich im Folgenden auf die Dissertation von Ilse-Jutta Sandstede: Die Göttinnen der Anmut in Wielands Werk: Ein Beitrag zur Rhetorik der Aufklärung. Universität Oldenburg 1999.
[5] Pindars olympische Oden, verdeutscht von F. H. Bothe, Berlin 1808.

Bereits Hesiod (um 700 v. Chr.) nennt ihre Namen: Aglaja, Euphrosyne und Thalia. Diese Namen haben bei den Griechen noch Bedeutung. Aglaja ist die *Glänzende*, Euphrosyne die *Freude* und *Wohlgesonnenheit*, Thalia das üppige Wachsen und *Blühen*, die Fülle und die Festfreude. Wenn wir dies zusammennehmen, dann verkörpern die Chariten alles Blühende im weitesten Sinne – und sie verleihen allem Glanz und Freude.

Charis selbst ist ein Urwort des hellenischen Geistes – und vielleicht das schönste. Auch in ihm liegt die Bedeutung des Erglänzens und Aufstrahlens und auch der Freude. Alles, was mit Schönheit, Fülle und Segen, auch mit Wohltätigkeit und Dankbarkeit zu tun hat, ist in diesem Wort mit enthalten. – Die Lateiner brauchten zwei Worte, um *charis* in seinen Bedeutungen zu übersetzen: *venus* und *gratia*. Das eine ist die Schönheit, das andere sowohl die Gunst als auch umgekehrt die Dankbarkeit. Von *charis* stammt dann auch das lateinische *caritas*, das selbstlose Wohlwollen, die Wohltätigkeit, die helfende Liebe (englisch *charity*).

Vielleicht können wir nun besser verstehen, was *Anmut* schon für die Griechen war. Die Chariten und die von ihnen ausgehende *charis*, die auf alles überging, was sie durch ihre Anwesenheit begnadeten, waren gleichsam der Ursprung aller wirklichen Schönheit, von Liebreiz und Freude. Anmut ist das Wesen und das Wirken der Chariten, die allem, was sie berühren, lebendige Schönheit verleihen.

*

Als mit der Renaissance die Antike wieder auflebt, sind vor allem zwei Quellen für die nun *Grazien* genannten Gestalten wesentlich: Eine Liedersammlung des griechischen Lyrikers Anakreon (6. Jahrhundert v. Chr.) und eine Anthologie des

Planudes (Anfang 14. Jahrhundert). Bei Anakreon sind die Grazien heitere, rosenbekränzte tanzende Mädchen, die sich zu Amor, Venus und Bacchus gesellen. Bei Planudes findet sich das Motiv, dass die Grazien auch einem Menschen Reize verleihen können, so dass etwa ein Mädchen seine reizende Schönheit den Grazien verdankt.

Im 18. Jahrhundert entsteht eine regelrechte ‚Grazienpoesie', die auch Anakreontik genannt wird. Das Thema ist Liebe, Wein und Geselligkeit an lieblichen Orten, es geht also um heiteren Lebensgenuss im Sinne von Epikur.

Schon bei Anakreon wird das geliebte, schöne Mädchen nicht selten unter anderem auch in verfänglichen Situationen geschildert, etwa schlafend, badend oder entkleidet. Die Anakreontik kann dann in gewisser Weise als Gegenbewegung zum erstarrten Barock gesehen werden.

In der Zeit Wielands werden die Begriffe Anmut, Reiz und Grazie zunächst noch immer mehr oder weniger synonym gebraucht. Aber diese sind auch erst nach und nach entstanden. Das altdeutsche Wort *muoten* bedeutet noch ‚begehren'. ‚Anmut' bedeutet ursprünglich dasselbe, dann aber kehrt sich die Bedeutung um in dasjenige, was ein Verlangen erregt. Dies schwächt sich dann wiederum ab, und um 1700 ist Anmut etwas, was Wohlgefallen und ein sanftes Gefühl hervorruft, auch in seelischer Bedeutung. Das Wort ‚Reiz' bezeichnet zu dieser Zeit etwas Verlockendes, von dem eine sinnlich-erotische Wirkung ausgeht. ‚Grazie' hat die Bedeutungen von ‚Gnade' und ‚Wohlgefälligkeit'.

Wieland ist nun der Erste in Deutschland, der die Anmut konsequent mit *seelischer Schönheit* in Verbindung bringt. Auch der Typus der *schönen Seele* wurde gerade durch Wieland weithin bekannt. Die Schönheit des Leibes ist, wie wir gesehen haben, gerade beim jungen Wieland der Widerschein der seelischen Schönheit.

Ein sehr wesentliches Vorbild in dieser Beziehung wird für Wieland sehr bald der englische Moralphilosoph Shaftesbury (1671-1713), der von ‚moral beauty' oder ‚inward beauty' spricht.

*

Die weitere Entwicklung Wielands führt ihn dann wieder zu einer stärkeren Betonung auch des Sinnlichen, so dass er sich den Anakreontikern annähert und verschiedene ‚Sittenwächter' seine Werke schließlich sogar verurteilen. Dennoch behält auch das Seelische bei Wieland immer eine wesentliche Bedeutung, und die Frauen sind bei ihm oft, etwa in ‚Musarion', sehr eigenständige Gestalten.

Wir aber wollen hier innehalten und zu der Frage zurückkehren, was *Anmut* eigentlich ist.

Die Graziendichtung hat einen wesentlichen Aspekt sehr wohl erfasst, nämlich das Reizvolle. Aber sie hat dies dann sogleich in den Bereich des Lebensgenusses, des Spieles mit den Reizen, hineingeführt. Wir aber wollen an diesem Punkt nicht in den Genuss eintauchen, sondern in das Empfinden. Wir wollen wirklich eintauchen in die *Empfindung der Anmut*.
Zwar schenkten auch die griechischen Chariten in jeder Hinsicht Freude und Schönheit, aber wir wollen nicht in den Lebensgenuss eintauchen, sondern in das Wesen der Anmut als solches. Wir wollen die ‚Gaben der Chariten' nicht leicht nehmen, sondern wir wollen noch einmal mit vollem Ernst eintauchen in das eigentliche, ursprüngliche Wesen des Begriffes *charis* – das Blühen, das Glänzen, das Freudige, Segnende, Beschenkende...
Wenn wir dies einmal *tief* ernst nehmen, und zugleich auch die Dankbarkeit ebenso ernst nehmen, dann können wir all

dies in möglichst großer Tiefe einmal wirklich *fühlen*. Es geht um ein Wunder, um Wirkungen, die eigentlich ein Wunder sind, etwas, vor dem man aufrichtige Bewunderung und sogar Ehrfurcht haben kann.

Und jetzt denken wir an die Anmut der *Mädchen*...

Es gibt verschiedene Stufen von Anmut. Eine Stufe ist sehr wohl die Anmut des Jugendschönen überhaupt – und damit können wir jederzeit wieder in die Anakreontik zurückkehren, in lauschige Haine mit rosenbekränzten Mädchen und Jünglingen, aber darum geht es an dieser Stelle überhaupt nicht. Wir wollen zu einer viel tieferen Anmut durchdringen – und diese wirklich *erleben*.

Man kann sagen, dass alle Elemente von *charis* auch in dieser Anmut leben, die wir jetzt suchen, und dennoch haben die Griechen und auch die neueren Graziendichter diesen Begriff zu sehr auf die irdischen Freuden bezogen. Aber der Urbegriff von *charis* ist nicht ‚Festmahl' und ‚Lustspiel', sondern Glanz, Segen, Freude – aber dies alles im tiefsten Sinne, man muss es im Grunde gleichsam *überirdisch* empfinden.

Was ist in diesem Sinne die *Anmut der Mädchen*?

In diesem Sinne haben nur ganz wenige Mädchen Anmut, denn jetzt sprechen wir wirklich von einer vollkommenen Harmonie von leiblicher Schönheit und seelischer Anmut. Was *ist* diese Anmut?

Anmut ist nicht Grazie. Sie geht viel tiefer – und ist noch viel zarter. Anmut ist die *unschuldige Sanftheit* der Erscheinung und des Ausdruckes. Sie ist eine schöne, berührende *Zurückhaltung*, selbst in der Zuwendung.

Auch eine einzelne Bewegung kann anmutig sein. Aber in ihrer Vollkommenheit ist die Anmut Ausdruck des Wesens – der Ausdruck einer *schönen Seele*.

Die Anmut der Mädchen besteht also in ihrer unschuldigen Sanftheit. Wenn das Herz eines Mädchens sanft und unschuldig ist und sich dies bis in seine Bewegungen hinein offenbart – dann wird es die *Anmut* offenbaren. Ein solches Mädchen wird anmutig sein.
Es geht nicht darum, dass ein Mädchen oder eine Frau so sein soll, damit der Mann diesen Anblick genießen könne – es geht darum, was Anmut *ist*.

Eine wahrhaft ‚schöne Seele', also eine Seele, deren ganzes Wesen von Sanftheit und zarter Zurückhaltung durchdrungen ist, wird von selbst nach außen eine *Anmut* offenbaren.
Aber dieser anmutigen Seele wird ein anderer Mensch nur gerecht, wenn er sie nicht als Objekt beobachtet und ‚genießt', sondern wenn er in *seiner* Seele von dieser Anmut wahrhaft berührt wird. Dies ist nur möglich durch eine reine unschuldige Hingabe an die anmutige Erscheinung. In der Hingabe aber wird auch die Seele dessen, der sich hingibt, *anmutig*.
Der Anmut des Mädchens entspricht also die zarte Verehrung des Mannes. Beides ist vom Geheimnis der Sanftheit durchdrungen. Anmut ist etwas so Zartes, dass ihr nichts anderes gerecht wird als das Zarteste, was der Mann in *seiner* Seele aufleben lassen kann: eine reine, sanfte Verehrung dieser Anmut...

Die wirkliche *Anmut* der Mädchen liegt nicht in der bloßen Grazie. Sie liegt in ihrer *Unschuld*.
Eine Grazie lässt sogar die Schönheit einer Venus erblassen. Aber man kann sagen, die Unschuld eines reinen Herzens,

wenn *sie* sich bis in die Erscheinung und den Ausdruck hinein offenbart, lässt sogar die Grazien erblassen...

Wir sind damit eigentlich schon an der Schwelle zum nächsten Kapitel. Doch zuvor müssen wir uns noch Friedrich Schiller zuwenden, der das Geheimnis der Anmut begrifflich tiefer durchdrungen hat als irgendjemand vor ihm.

*

Schiller beginnt seinen Aufsatz ‚Über Anmut und Würde' (1793) mit der griechischen Mythologie: dem magischen Gürtel der von den Grazien begleiteten Schönheitsgöttin, der seinem Träger Anmut verleiht. Und er fragt: Was ist Anmut, wenn die Schönheit zwar auch ohne sie bestehen, aber nur durch sie allein Neigung einflößen kann – und wenn auch das weniger Schöne Anmut besitzen kann?

Zunächst stellt Schiller dann fest, dass Anmut eine Schönheit ist, die an ihrem Subjekt zufällig entstehen und ebenso wieder aufhören kann. Dennoch ist die Anmut, solange sie sich zeigt, eine objektive Eigenschaft der Person, sie verleiht nicht nur wie etwa der äußere Schmuck einen Schein. Zugleich objektiv und doch nicht die bleibende Natur ist aber nur die *Schönheit der Bewegung*.

Weiterhin beschränkt der Mythos die Anmut auf den Menschen, sie kann also nur Bewegungen zukommen, die ein Ausdruck *moralischer Empfindungen* sind. Bewegungen, die nur der sinnlichen Natur angehören, wie etwa die Begierde, können sich nie bis zur Anmut erheben.

Sodann unterscheidet Schiller willkürliche und unwillkürliche, aber von Empfindungen begleitete Bewegungen. Die willkürlichen, also zweckgerichteten Bewegungen können keine Anmut zeigen, weil die Empfindung ihnen allenfalls

vorausgeht. Sie können aber von einem unwillkürlichen Anteil *begleitet* werden – und wenn *dieser* seinen Grund in dem moralischen Empfindungszustand hat, kann sich in ihm die Anmut zeigen.
Anmut zeigt sich also in der unbewussten Bewegung, ‚und das Subjekt darf nie so aussehen, als wenn es um seine Anmut wüsste'. Schiller stößt sodann auf das Rätselhafte, dass gerade der Ausdruck des *Seelischen* die Schönheit, die doch nur sinnliche Ursachen haben könne, steigert. Er hilft sich damit, dass er sagt, das Moralische erfülle die sinnlichen *Bedingungen* des Schönen, die Schönheit selbst sei dann aber Folge jener sinnlichen Bedingungen, also freie Naturwirkung. Diese Freiheit aber ist vom Geist zugelassen. Grazie ist also gleichsam eine ‚Gunst' des Sittlichen gegenüber dem Sinnlichen.
Schiller erläutert dies am Beispiel verschiedener Regierungsformen. Wenn der Geist die Natur zwingen müsste, hätte man eine Tyrannei, wenn die Natur den Geist bezwingt, wäre dies Anarchie. Unter einer liberalen Regierung aber kann der Einzelne dem freilassenden Willen des Herrschers auch aus eigener Neigung folgen. Wenn der Geist sich in der sinnlichen Natur so äußert, dass diese seinen Willen treu ausrichtet und seine Empfindungen ausdrückt, entsteht Anmut. Das Gemüt macht sie *sprechend*, die Natur macht sie *schön*.
Gerade die Leichtigkeit ist der Hauptcharakter der Grazie oder Anmut. Geist und Natur, Vernunft und Sinnlichkeit sind in ihr in völliger Harmonie. Die sittliche Pflicht ist zugleich vollkommen eigene Neigung.

Eben dies ist aber die höchste Bestimmung des Menschen. Der Mensch soll nicht sittliche Handlungen verrichten, sondern ein sittliches Wesen sein. Er darf nicht nur, sondern er *soll* Lust und Pflicht miteinander verbinden, nämlich seiner Vernunft mit Freuden gehorchen und so auch seine sinnliche Natur ‚aufs innigste mit seinem höhern Selbst vereinbaren'. Der sittliche Geist soll dem Naturtrieb nicht mit Gewalt entgegentreten, sondern das Sittliche soll aus seiner *gesamten* Menschheit hervorgehen, indem es ihm selbst *zur Natur wird*.

Eine schöne Seele nennt man es, wenn sich das sittliche Gefühl aller Empfindungen des Menschen endlich bis zu dem Grad versichert hat, dass es dem Affekt die Leitung des Willens ohne Scheu überlassen darf und nie Gefahr läuft, mit den Entscheidungen desselben im Widerspruch zu stehen. Daher sind bei einer schönen Seele die einzelnen Handlungen eigentlich nicht sittlich, sondern der ganze Charakter ist es. [...] Mit einer Leichtigkeit, als wenn bloß der Instinkt aus ihr handelte, übt sie der Menschheit peinlichste Pflichten aus, und das heldenmütigste Opfer, das sie dem Naturtriebe abgewinnt, fällt wie eine freiwillige Wirkung eben dieses Triebes in die Augen. Daher weiß sie selbst auch niemals um die Schönheit ihres Handelns, und es fällt ihr nicht mehr ein, dass man anders handeln und empfinden könnte. [...]
In einer schönen Seele ist es also, wo Sinnlichkeit und Vernunft, Pflicht und Neigung harmonieren, und Grazie ist ihr Ausdruck in der Erscheinung. [...] Alle Bewegungen, die von ihr ausgehen, werden leicht, sanft und dennoch belebt sein. Heiter und frei wird das Auge strahlen, und Empfindung wird in demselben glänzen. Von der Sanftmut des Herzens wird der Mund eine Grazie erhalten, die keine Verstellung erkünsteln kann. Keine Spannung wird in den Mienen, kein Zwang in den willkürlichen Bewegungen zu bemerken sein, denn die Seele weiß von keinem.

Das weibliche Geschlecht aber wurde von der Natur sowohl in der sittlichen Harmonie der Gefühle als auch in der sanfteren Leiblichkeit begünstigt:

Der zärtere weibliche Bau empfängt jeden Eindruck schneller und lässt ihn schneller wieder verschwinden. Feste Konstitutionen kommen nur durch einen Sturm in Bewegung, und wenn starke Muskeln angezogen werden, so können sie die Leichtigkeit nicht zeigen, die zur Grazie erfordert wird. Was in einem weiblichen Gesicht noch schöne Empfindsamkeit ist, würde in

einem männlichen schon Leiden ausdrücken. Die zarte Fiber des Weibes neigt sich wie dünnes Schilfrohr unter dem leisesten Hauch des Affekts. [...]
Auch der Beitrag, den die Seele zu der Grazie geben muss, kann bei dem Weibe leichter als bei dem Manne erfüllt werden. Selten wird sich der weibliche Charakter zu der höchsten Idee sittlicher Reinheit erheben und es selten weiter als zu *affektionierten* Handlungen bringen. Er wird der Sinnlichkeit oft mit heroischer Stärke, aber nur *durch* die Sinnlichkeit widerstehen. Weil nun die Sittlichkeit des Weibes gewöhnlich auf Seiten der Neigung ist, so wird es sich in der Erscheinung eben so ausnehmen, als wenn die Neigung auf Seiten der Sittlichkeit wäre.

Mit dem letzteren Absatz möchte Schiller offenbar sagen, dass das weibliche Geschlecht die Sittlichkeit weniger als reine *Idee* fassen wird, um dann gegebenenfalls aus der Vernunft heraus die Sinnlichkeit zu bezwingen, sondern sich aus dem *Gefühl* heraus mit der Sittlichkeit verbinden wird – und der Sinnlichkeit dann *ohne* die Hilfe des reinen Gedankens, dafür aber um so heroischer *in* der Sinnlichkeit selbst widerstehen wird, weil es in der Empfindung eine Liebe und Neigung zur Sittlichkeit hat. Mit anderen Worten: Der Mann *denkt* die Sittlichkeit, die Frau *empfindet* sie...

Anmut ist der Ausdruck einer schönen Seele, Würde aber der Ausdruck einer erhabenen Gesinnung – also einer solchen, in der der Geist über die Sinnlichkeit im Falle eines Widerstreites ‚siegt'. Der freie Wille kann sowohl der Natur als auch der sittlichen Vernunft folgen. Bleibt er jedoch innerhalb der Natur, gebraucht er seine Freiheit unwürdig.

Anmut liegt also in der *Freiheit der willkürlichen Bewegungen*; Würde in der *Beherrschung der unwillkürlichen*. Die Anmut lässt der Natur, da wo sie die Befehle des Geistes ausrichtet, einen Schein von Freiwilligkeit; die Würde hingegen unterwirft sie da, wo sie herrschen will, dem Geist. [...]

Würde wird daher mehr im *Leiden* (*pathos*), Anmut mehr im *Betragen* (*ethos*) gefordert und gezeigt; denn nur im Leiden kann sich die Freiheit des Gemüts, und nur im Handeln die Freiheit des Körpers offenbaren.

Schiller kommt dann noch zu verschiedenen Beispielen, an denen die Polarität eindrücklich empfunden werden kann:

> So wie wir Anmut von der Tugend fordern, so fordern wir Würde von der Neigung. Der Neigung ist die Anmut so natürlich, als der Tugend die Würde, da sie schon ihrem Inhalt nach sinnlich, der Naturfreiheit günstig und aller Anspannung feind ist. [...]
> Man fordert Anmut von dem, der verpflichtet, und Würde von dem, der verpflichtet wird. [...] Man muss einen Fehler mit Anmut rügen und mit Würde bekennen. [...] Will der Starke geliebt sein, so mag er seine Überlegenheit durch Grazie mildern. Will der Schwache geachtet sein, so mag er seiner Ohnmacht durch Würde aufhelfen.

Würde erweckt Achtung, Anmut hingegen wie alle Schönheit Wohlgefallen und Liebe. In der Achtung ist es die sinnliche Natur, die sich vor der Vernunft beugt – in der Liebe zur Anmut dagegen ist es die göttliche Natur des Menschen selbst, die sich in der Anmut nachgeahmt und in der Sittlichkeit befriedigt findet.

Und am Ende unterscheidet Schiller ganz klar zwischen Reiz, Grazie und Anmut:

> Es gibt eine *belebende* und eine *beruhigende* Grazie. Die erste grenzt an den Sinnenreiz, und das Wohlgefallen an derselben kann, wenn es nicht durch Würde zurückgehalten wird, leicht in Verlangen ausarten. Diese kann *Reiz* genannt werden. [...]
> Die beruhigende Grazie grenzt näher an die Würde, da sie sich durch Mäßigung unruhiger Bewegungen äußert. [...] Diese kann *Anmut* genannt werden. Mit dem Reize verbindet sich gern der

lachende Scherz und der Stachel des Spotts; mit der Anmut das Mitleid und die Liebe. [...]
Auch die Würde hat ihre verschiedenen Abstufungen und wird da, wo sie sich der Anmut und Schönheit nähert, zum *Edeln*, und wo sie an das Furchtbare grenzt, zur *Hoheit*.
Der höchste Grad der Anmut ist das *Bezaubernde*; der höchste Grad der Würde die *Majestät*. Bei dem Bezaubernden verlieren wir uns gleichsam selbst und fließen hinüber in den Gegenstand. Der höchste Genuss der Freiheit grenzt an den völligen Verlust derselben, und die Trunkenheit des Geistes an den Taumel der Sinnenlust. Die Majestät hingegen hält uns ein Gesetz vor, das uns nötigt, in uns selbst zu schauen. Wir schlagen die Augen vor dem gegenwärtigen Gott zu Boden, vergessen alles außer uns und empfinden nichts, als die schwere Bürde unsers eigenen Daseins.
Majestät hat nur das Heilige. Kann ein Mensch uns dieses repräsentieren, so hat er Majestät, und wenn auch unsre Knie nicht nachfolgen, so wird doch unser Geist vor ihm niederfallen.

Zuletzt beschreibt Schiller auch noch, was entsteht, wenn jene Gesinnungen, deren Ausdruck Anmut und Würde sind, künstlich *nachgeahmt* werden: affektierte Geziertheit und gravitätische Steifheit.

Die echte Anmut *gibt bloß nach* und kommt entgegen; die falsche hingegen *zerfließt*. Die wahre Anmut *schont* bloß die Werkzeuge der willkürlichen Bewegung und will der Freiheit der Natur nicht unnötiger Weise zu nahe treten; die falsche Anmut hat gar nicht das Herz, die Werkzeuge des Willens gehörig zu gebrauchen [...]. [...] Das andre Geschlecht, welches vorzugsweise im Besitze der wahren Anmut ist, macht sich auch der falschen am meisten schuldig; aber nirgends beleidigt diese mehr, als wo sie der Begierde zum Angel dient. Aus dem Lächeln der wahren Grazie wird dann die widrigste Grimasse; das schöne Spiel der Augen, so bezaubernd, wenn wahre Empfindung daraus spricht, wird zur Verdrehung [...] und die ganze

Musik weiblicher Reizungen zu einer betrüglichen Toilettenkunst.

Wenn man auf Theatern und Ballsälen Gelegenheit hat, die affektierte Anmut zu beobachten, so kann man oft in den Kabinetten der Minister und in den Studierzimmern der Gelehrten [...] die falsche Würde studieren. Wenn die wahre Würde zufrieden ist, den Affekt an seiner Herrschaft zu hindern, und dem Naturtriebe bloß da, wo er den Meister spielen will, in den unwillkürlichen Bewegungen Schranken setzt, so regiert die falsche Würde auch die willkürlichen mit einem eisernen Zepter, unterdrückt die moralischen Bewegungen, die der wahren Würde heilig sind, so gut als die sinnlichen, und löscht das ganze mimische Spiel der Seele in den Gesichtszügen aus. Sie ist nicht bloß streng gegen die widerstrebende, sondern hart gegen die unterwürfige Natur und sucht ihre lächerliche Größe in Unterjochung und, wo dies nicht angehen will, in Verbergung derselben. [...] Wenn die wahre Würde, die sich nie der Natur, nur der rohen Natur schämt, auch da, wo sie an sich hält, noch stets frei und offen bleibt; wenn in den Augen Empfindung strahlt und der heitere stille Geist auf der beredten Stirne ruht, so legt die *Gravität* die ihrige in Falten, wird verschlossen und mysteriös und bewacht sorgfältig wie ein Komödiant ihre Züge.

Echte Würde begrenzt die Sinnlichkeit also nur dort, wo sie gegen die Sittlichkeit handeln will, falsche ‚Würde' unterdrückt sogar Seele und Geist selbst. Falsche Anmut versucht künstlich zu bezaubern, wahre Anmut bezaubert dadurch, dass die Leiblichkeit ein reiner Spiegel der schönen Seele ist.

*

Was also ist Anmut? Die Gedanken Schillers sind so dicht und präzise, wie wir es gar nicht mehr gewohnt sind. Wenn wir nur darüber hinweggelesen haben, sollten wir sie noch einmal lesen und wirklich darin eintauchen, von Satz zu Satz das volle Verständnis suchend. Erst dann offenbart sich das seelische Erleben, das Schiller *beschreibt*. Es geht nicht um

Lehren und Definitionen, es geht um eine Hinführung zu einem wirklichen Erleben.

Was ist nun Anmut? Wir können Schiller und sogar unsere ganze Reise in den Begriff der Anmut als einen vertiefenden Hintergrund betrachten und also auch wieder hinter uns lassen. Es soll uns nicht hindern, das Wesen von Anmut unmittelbar zu erleben – es soll uns dabei helfen, es soll unser Erleben *vertiefen*, indem wir auch immer tiefer *begreifen*, was eigentlich Anmut ist. Indem man verstehend erfasst, was Anmut ist, versteht man, was man erlebt – und dadurch kann sich das Erleben noch mehr vertiefen, denn man übersieht es nicht mehr, sondern taucht immer tiefer ein in etwas, was man vorher nur teilweise gesehen hat...

Und nun können wir wirklich zurückkehren zur Anmut der Mädchen. Was ist Anmut...?

Wir brauchen nur tief einzutauchen in unsere Erinnerungen, in unsere Vorstellungen – die Anmut der Mädchen...

Es ist das In-die-Erscheinung-Treten einer *sanften Unschuld* der Seele. Es ist ein Sich-Offenbaren der Unschuld bis in den Leib und seine Bewegungen hinein.
Und eigentlich müssen wir hier nun auch über Schiller hinausgehen. Denn im Grunde können wir durch unser ganzes Empfinden schließlich erleben, dass tiefe, reine Anmut weder beim Mann noch im Alter zu finden ist. Deswegen muss jeder Versuch, sie *allgemein* zu definieren, letztlich doch scheitern und unbefriedigt lassen.

Anmut ist das Schöne sanfter Unschuld – aber da, wo es dem Wesen entspricht und die wahre Schönheit dieses Wesens offenbart. Beim Mann ist die Anmut keine Anmut mehr, ebensowenig wie das bloße Scheinen der Sonne an einem bedeckten Tag schön ist, weil das Wesen der Sonne ihr strahlendes Leuchten ist. Das Schöne des Mannes ist das Klare, das Edle – und noch anderes, was wiederum von den Frauen sicher am schönsten beschrieben werden kann. Das Schöne der Frau aber ist die Anmut, in der sich alles offenbart, was das Geheimnis des Weiblichen ausmacht. Anmut ist also das schöne Leuchten des Weiblichen, die Offenbarung des unschuldig Weiblichen bis in das Ätherische, bis in die Bewegungen hinein.

Und sie ist ein Geheimnis des *jungen* Weiblichen, der blühenden Seele, der aufblühenden Seele oder aber der noch ganz schlafenden Seele – dann sind wir bei der Anmut der Kinder. Die Kinder haben noch ganz eine ätherische Anmut, eine reine Unschuld der natürlichen Bewegungen, der die schlafende Unschuld ihrer Seele entspricht. Das Mädchen hat eine seelische Anmut, in der die träumende oder erwachende Seele noch immer innig eins mit der Bewegung des Leibes ist.

So ist die Anmut die Offenbarung des unschuldig Kindlichen oder aber des unschuldig Weiblichen an sich. Man kann auch sagen, in der Anmut offenbart sich etwas vom Urbild. In der Anmut des Mädchens offenbart sich zugleich immer *das Mädchen*; in ihr vereint sich das Mädchen auf seine ureigene Weise innig mit dem Urbild – und das Urbild sich mit ihm.

Weil aber die Unschuld zum Wesen des Mädchens und auch der Anmut gehört, kann man letztlich alle Versuche, die Anmut zu beschreiben, vielleicht in aller Schlichtheit in die folgenden Worte zusammenfassen:

Anmut ist die berührende Unschuld der Mädchen...

Unschuld...

Wieviel Mut haben wir, hier noch weiterzugehen? War für die heutige Zeit nicht schon das letzte Kapitel ein Ärgernis? War es nicht schon das ganze Buch bis hier?
Was ist Unschuld?

Es gibt jenen bekannten Spruch: ‚Brave Mädchen kommen in den Himmel, freche Mädchen kommen überall hin'. Dieser Spruch drückt nicht nur ein allgemeines Lebensgefühl aus, sondern mit Recht auch den Widerstand gegen eine Haltung, die von Mädchen etwas fordert, was von Jungen keineswegs gefordert wird. – An dieser Stelle geht es jedoch nicht um freche Mädchen, auch nicht um brave Mädchen, was bereits einen Gehorsam impliziert, sondern um die Frage: *Was ist Unschuld?*
Man könnte den Spruch auch abwandeln und sagen: Unschuldige Mädchen holen den Himmel auf die Erde, freche Mädchen holen sich alles Mögliche ... aber vom Himmel wissen sie nicht.

Mit diesem Buch geht es um ein ‚Idealbild', aber ein Ideal ist auch eine Wirklichkeit. Was das bedeutet, wird vielleicht erst am Ende ganz deutlich.
Eine Seele kann von Idealen berührt werden oder auch nicht. Unsere ganze Zeit *vernichtet* Ideale mit grober Hand – und hebt andere, hässliche Ideale in den Himmel. Und alle folgen dem Trend – vieles ist schon kein Trend mehr, es ist Normalität geworden. Unschuld ist keine Normalität mehr. Aber ist sie überhaupt noch möglich? Was ist Unschuld?

Von großen Plakatwänden prangen halbnackte Mädchen und Frauen in Modelkörpern, die alle sehr schön sind, aber selbst wenn sie sich bewegen würden – würden wir auch nur an einem dieser weiblichen Wesen *Anmut* wahrnehmen? Und um wieviel weniger dann Unschuld...

Klage des Mädchens

Versteht ihr mich, ihr Sterne,
Daß ihr so traurig scheint
Aus dunsterfüllter Ferne
Wie Augen trübverweint?

Kennt ihr des Herzens Gründe,
Von Wehmuth angefüllt?
In eurem Lichte finde
Ich meiner Schmerzen Bild.

Bewahret meine Klagen,
Nur euch vertraut' ich sie;
Doch sollte Er euch fragen,
Dann Sterne, schweiget nie.

Heinrich Bone (1813-1893)

Unschuldige, heimliche Liebe, die nichts anderes kann, als heimlich und unschuldig zu hoffen...

Freche Mädchen nehmen sich, was sie wollen, das unschuldige Mädchen kann oft nur leiden. Aber ist die Liebe des unschuldigen Mädchens nicht unendlich viel tiefer – und wird die Liebe heute nicht immer oberflächlicher und profaner? Diese Frage – und auch, was sie überhaupt will – kann sich jede Seele nur selbst beantworten. Wir wollen in diesem Kapitel nur immer tiefer zu empfinden versuchen, was *Unschuld* ist. Denn auch wirklich urteilen und sich entscheiden kann man doch nur, wenn man etwas kennt – und man kennt die Unschuld heute nicht mehr...

*

Das unschuldige Mädchen

Meine Mutter sagt mir:
‚Deine Lippen gab dir
Zum Sprechen, Tochter, die Natur,
Und zum Sprechen brauch sie nur.'
Warum sind sie so rot?
Oh, ich konnte ja auch mit weißen Lippen sprechen,
Und warum gebot
Meine Mutter: nur zum Sprechen?
Wer zeigt mir armen Mädchen an,
Was mein Mund mehr als sprechen kann?

Matthias Claudius (1740-1815)

Um wirklich empfinden zu können, was in solchen Gedichten liegt, müssen wir selbst schon (oder noch) eine ziemlich reine, unschuldige Seele haben. Denn nur dann können wir absehen von all jenen Urteilen, die sich dabei gewöhnlich aufdrängen. Wir müssen absehen können von der Tatsache, dass hier etwas geschildert wird, was so im Grunde eigentlich nicht mehr existiert, was allenfalls vor über zwei Jahrhunderten existiert hat. Wir müssen absehen von der Gesinnung der Mutter, die ihre Tochter unwissend halten und ihr das Wunder der Liebe vorenthalten will. Das Einzige, worum es hierbei geht, ist, sich wahrhaftig und tief berühren zu lassen von der *Unschuld des Mädchens*.

Diese Unschuld beginnt schon mit der unschuldigen Frage, mit dem unschuldigen, daran anschließenden Gedanken. Wenn man sich darin überhaupt noch vertiefen kann, dann ist diese noch so unwissende Unschuld zutiefst *berührend*.

Und doch ahnt das Mädchen natürlich, dass die Lippen mehr können als sprechen. Leise fühlt es ja längst, dass sie mehr *wollen* als sprechen. Aber dieses Leise, dieses Noch-Nicht, das gerade ist die Unschuld – und ist auch die *Anmut* der Unschuld.

Wo bleibt die Unschuld, wenn die Mädchen heute schon mit zwölf, zehn, acht oder sogar sechs Jahren aufgeklärt werden – von Medien, Zeitschriften, Freundinnen...? Das Mädchen in dem Gedicht ist keinesfalls jünger als vierzehn, wahrscheinlich ist es eher sechzehn oder vielleicht gar noch älter. Worum es hier geht, ist die unbeschreibliche, unvergleichliche *Schönheit* der Unschuld. Das ist *charis*, das ist Anmut, unschuldiges Blühen der Jugend, mit einem unbeschreiblichen Glanz... Dieser Glanz wird auch nicht verlorengehen, wenn dann die Liebe aufblühen wird, auch sie wird sanft und unschuldig aufblühen...

Das liebende Mädchen

Jüngling, wenn ich dich von fern erblicke,
Wird vor Sehnsucht mir das Auge nass:
Nahst du dich, so hält es mich zurücke
Wie mit Fesseln - und ich weiss nicht, Was?

Fern von dir hab' ich so viel zu klagen,
Und dir gegenüber sitz' ich stumm,
Kann dir nicht ein Sterbens-Wörtchen sagen,
Stammle nur, - und weiss doch nicht, Warum?

Stundenlang häng' ich an deinem Blicke:
Aber wenn der deinige mich so
Ueberrascht, fährt meiner scheu zurücke,
Will sich bergen, - ach! und weiss nicht, Wo?

Seh' ich dich mit andern Mädchen spassen;
O, dann möcht' ich arme Schwärmerinn
Meine Vaterstadt, mein Land verlassen,
Möchte fliehn, - und weiss doch nicht, Wohin?

Einsam lass' ich, statt mich zu zerstreuen,
Meinen Thränen ungestörten Lauf,
Wiege mich in süssen Träumereyen,
Freue mich, - und weiss doch nicht, Worauf?

Denke mir das höchste Glück auf Erden,
Das ein Mädchen sich nur wünschen kann,
Hoffe, dass sie einmal kommen werden
Diese Freuden, - ach, und weiss nicht, Wann?

Denke von zwey gleich gestimmten Seelen
Mir die schönste, reinste Harmonie,
Möchte dich aus einer Welt erwählen,
Theurer Jüngling! - ach, und weiss nicht, Wie?

Gabriele von Baumberg (1768-1839)

Noch immer muss das Mädchen leiden, denn seine Unschuld und seine Anmut liegt auch hier: in der Sanftheit seiner Seele, nachdem diese von der Liebe berührt wurde. Sie liebt den Jüngling so innig und so scheu, dass sie nicht weiß, was sie tun kann – und ihr eigener Zustand ist ihr ein leidvolles Rätsel...
Die Seele dieses Mädchens ist reine Hingabe. In der unschuldigen Seele eines Mädchens durchdringt sich alles – alles, was wir hier in getrennten Kapiteln mitzuempfinden versuchen. Ein solches Gedicht könnte in jedes Kapitel aufgenommen werden. Nun steht es hier; das liebende Mädchen, das zugleich so unschuldig liebt, so voller Anmut...

~

Wie oft und wie vielfältig haben Dichter die Unschuld der Mädchen besungen! Aber auch die Mädchen selbst haben früher noch gesungen – und auch das war ein Teil ihrer Unschuld:

Singe Mädchen

Singe Mädchen, dein Gesang
Ist ein flüchtig Schleierheben,
Deine scheue Seele zeigt
Unverhüllt ihr Blumenleben.

Seelen sind wie stille Seen,
Wer mag in die Tiefe dringen?
Nur vereinzelt sich ans Licht
Ihre weißen Rosen ringen.

Aus den lichten Kelchen steigt
Eine holdverschämte Kunde
Von den Schätzen, die sich keusch
Bergen auf dem stillen Grunde.

Gustav Falke (1853-1916)

Das Bild der Blüte entspricht so innig dem jungen Mädchen – zum einen seiner Jugend, zum anderen aber seiner Unschuld. Blüte oder gerade sich öffnende Blüte oder sogar noch sanft verschlossene Knospe...
Die Blüte kennt keine Leidenschaft. Im Herzen des jungen Mädchens träumt sie auch noch, wartet sie noch ganz unschuldig auf ihr Erwachen. Und selbst wenn sie dann zart erwacht, ist sie schön und unschuldig wie eine weiße Seerose...

~

Wir haben schon die Tatsache berührt, dass man der Schönheit der Mädchen nur dann gerecht wird, wenn man auch die eigene Seele so schön zu machen vermag. Zarter Unschuld kann man nur mit ähnlicher Unschuld und Ehrfurcht begegnen... Die Sehnsucht danach, und sei es aus der verlorenen Unschuld heraus, drückt das folgende Gedicht aus:

Sprödes, knospenkeusches Mädchen

Sprödes, knospenkeusches Mädchen,
könnt ich einmal noch dich küssen
scheu wie einst, da du erröthet –
hab auch selbst erröthen müssen.

Die gesenkte braune Wimper
hielt den süssen Groll zusammen,

hielt die zage Gluth verborgen,
deines Busens erste Flammen.

Könnt ich einmal noch beklommen,
reinen Herzens so dich schauen,
da ich reuevoll und bangend
hing an deinen Augenbrauen!

Was ich gierig je genossen,
lauten Lebens wilde Lüste,
gäb ich hin für jenes Zagen,
da ich scheu zuerst dich küsste.

Otto Erich Hartleben (1864-1905)

Man muss davon ausgehen, dass der Dichter jenem jungen Mädchen diesen ersten Kuss gleichsam doch irgendwie geraubt hat. Und doch war auch er selbst scheu bei diesem Kuss und hing nach diesem einen bezaubernden Moment bangend und beklommen an den Augen des Mädchens, ob sie ihm wohl verzeihen würde...

~

Zur Unschuld der Mädchen gehört aber auch ihre Bescheidenheit – in allem. Sie ist auch das Geheimnis ihrer unschuldigen *Hingabefähigkeit*. Das unschuldige Mädchen kann sich an allem freuen – es hat noch einen Blick für das Wesentliche, das Wunder in jedem unschuldigen Moment...

Du nennst mich – armes Mädchen;
Du irrst, ich bin nicht arm.
Entreiß dich, Neugier halber,
Einmal des Schlafes Arm,

Und schau' mein niedres Hüttchen,
Wenn sich die Sonne hold
Am Morgenhimmel hebet:
Sein Dach ist reines Gold!

Komm Abends, wann die Sonne
Bereits zum Meere sinkt,
Und sieh mein einzig Fenster,
Wie's von Topasen blinkt!

Dieses Gedicht ist von Elisabeth Kulmann (1808-1825). Diese Dichterin war zeitlebens ein unschuldiges Mädchen – und starb mit nur siebzehn Jahren.

~

Eine Vertiefung der Bescheidenheit ist die Frömmigkeit. Ein frommes Mädchen ist erst recht unschuldig. Vielleicht sechzehn oder siebzehn Jahre alt ist die Kantorka, in die sich Krabat in zarter Weise verliebt. Otfried Preußler schildert Krabats Begegnung mit dem Mädchen in der Osternacht:

> Wieder tönten von ferne die Osterglocken, und abermals hob in Schwarzkollm eine Mädchenstimme zu singen an – die Stimme, die Krabat kannte, auf die er gewartet, nach der er vergebens in seinem Gedächtnis gesucht hatte. Jetzt aber, da er sie hörte, fand er es unbegreiflich, wie er sie hatte vergessen können.
> ‚Erstanden ist der heilig Christ,
> Halleluja, Halleluja!'
> Krabat lauscht dem Gesang der Mädchen im Dorf, wie die Stimmen sich abwechseln, erst die eine und dann die andern, und während die anderen singen, wartet er schon darauf, daß die eine sie wieder ablöst.
> ‚Was für Haar sie wohl hat, die Kantorka?' muß er denken.
> ‚Braun vielleicht – oder schwarz – oder weizenfarben?'
> Das möchte er wissen. Er möchte das Mädchen sehen, das er da singen hört, es verlangt ihn danach. [...]
> Singend ziehen die Mädchen mit ihren Laternen und Osterkerzen die Dorfstraße auf und ab, in der Abendmahlstracht, die schwarz ist, vom Schuh bis zum Häubchen – mit Ausnahme eines weißen Stirnbandes über dem in der Mitte gescheitelten, straff nach hinten gekämmten Haar. [...]

Die Mädchen tun so, als seien die Burschen am Straßenrand nicht vorhanden für sie. Dies ist ihre Nacht, sie gehört ihnen ganz allein. Ruhig ziehen sie ihres Weges und singen, straßauf, straßab. Später gehen sie dann in eines der Bauernhäuser zum Aufwärmen. Die Burschen versuchen nachzudrängen, der Hausvater weist sie ab. Da eilen sie an die Stubenfenster und spähen hinein. Die Mädchen umringen den Ofen, die Bäuerin reicht ihnen Osterküchlein und heiße Milch. Mehr sehen die Burschen nicht, denn gleich ist der Hausvater wieder zur Stelle, diesmal mit einem Stecken. [...]
Doch bisher ist es so gewesen, daß er die Kantorka nur aus der Ferne beobachtet hat, vom Straßenrand, und nun will er ihr in die Augen sehen. Krabat wird eins mit dem Kerzenlicht, das die Kantorka vor sich herträgt. Nun ist er ihr nahe – so nah, wie er nie zuvor einem Mädchen gewesen ist. Er blickt in ein junges Gesicht, das sehr schön ist im strengen Rahmen von Stirnband und Häubchen. Die Augen sind groß und sanft, sie blicken auf ihn hernieder und sehen ihn nicht – oder doch? Er weiß, daß es höchste Zeit ist, ans Feuer zurückzukehren. Aber die Augen des Mädchens, die hellen Augen im Kranz der Wimpern, halten ihn fest, er kommt nicht mehr los davon. Die Stimme der Kantorka hört er nur noch von fern, sie ist ihm jetzt nicht mehr wichtig, seit er ihr in die Augen sieht.

Diese Stelle hat einen ganz eigenen Zauber – und dieser Zauber beginnt schon damit, dass die Mädchen in der Osternacht mit einer Osterkerze Wasser holen... Schon dies hat etwas unendlich Reines. Es ist eine Unschuld, die in unserer Zeit nicht mehr zu finden ist – vielleicht noch in Russland. Ein Mädchenherz, das mit religiösen Empfindungen singend in die Osternacht geht. Ein kleines Dorf mit jungen Mädchen, die gemeinsam singend das Osterwasser holen gehen...

Kann man in einem solchen Moment nicht spüren, was ein *Mädchen* ist?

*

Im Folgenden möchte ich eine Szene aus einer Geschichte wiedergeben,[6] die im Untertitel als ‚eine wahre Begebenheit aus dem amerikanischen Kriege' bezeichnet wird. Dies war ein Krieg zwischen den USA und England, der im Juni 1812 begann und zweieinhalb Jahre dauerte. Auf beiden Seiten kämpften auch Indianer, so kämpfte etwa Häuptling Tecumseh mit einer indianischen Allianz auf britischer Seite, was unter anderem die Eroberung Kanadas verhinderte.

Die Vorgeschichte der gleich folgenden Szene ist diese: Der junge Deutsche Ludwig kämpft mit anderen Deutschen auf Seiten der Engländer. Als Sohn eines Offiziers ist ihm ein kleiner Vorposten anvertraut. Als die Indianer ihn zu einem Lager feindlicher, für die Gegenseite kämpfenden Indianer führen und diese im Schlaf überfallen, will Ludwig das Morden unmittelbar beenden und beschützt selbst einen der Feinde. Dieser Indianer, Mauhingon, weicht daraufhin nicht mehr von seiner Seite. Als sie von feindlichen Indianern überfallen werden, überlebt unter den Weißen nur Ludwig. Die nächsten Verbündeten sind unzählige Tagesreisen entfernt, und so führt Mauhingon Ludwig nicht nach Osten, sondern nach Westen, wo er um die Hütte eines Weißen weiß. Bevor sie ihr Ziel jedoch erreichen, wird auch Mauhingon von einem Indianer erschossen und stirbt in Ludwigs Armen. Nun ist der junge Deutsche also völlig allein in der Fremde, seine einzige Hoffnung ist die Hütte, von der er nicht weiß, wie weit er von ihr noch entfernt ist. Als er am nächsten Morgen erwacht, blickt er auf den Eichenwald, den er zu durchqueren haben wird.

---

[6] ‚Das Wunder der Liebe', Morgenblatt für gebildete Stände Nr. 231 bis 241, der zitierte Ausschnitt aus Nr. 232 vom 28. September 1813. Der Autor war August Lafontaine (1758-1831), einer der meistgelesenen Schriftsteller seiner Zeit. Die Geschichte ist rein fiktiv, sie erscheint noch mitten im Krieg, doch werden in ihr später Ereignisse geschildert, die noch viele Jahre umfassen.

Doch nun ereignet sich die folgende Szene – und wir wollen versuchen, sie ohne Urteile zu lesen, sondern sie wirklich mitempfinden, als wären wir unmittelbar dabei und als wäre sie wirklich *wahr*...

Da trat aus dem Schatten der Eichen eine weibliche Gestalt. An dem leichten Gange, an der schlanken Gestalt erkannte er in der Ferne schon: es war ein Mädchen. Aber da sie, näher gekommen, den großen Strohhut in die Höhe schlug, um den Spötter zu sehen, der auf einem Baume die Stimme der Vögel nachahmte, da erstaunte Ludwig vor diesem Gesichte voll unschuldiger jugendlicher Reize. Sie stieg einen Hügel hinan, stand da, hielt die Hand über die Augen, als schaute sie nach Jemand.
Er hatte Zeit, sie zu betrachten. Sie war eine Weisse, das sah er an dem goldblonden Haar, das in natürlichen, reichen Locken um die Schulter und den Nacken schwamm. Sie war gekleidet, fast als eine Wilde, in weisse glänzende Leinwand, die von der schönen Gestalt nicht einen Reiz verhüllte. Sie kam noch näher dem Gebüsch, das ihn verbarg, als wüsste sie seine Gegenwart und seine Noth.
Anmuth strahlte von dem lieblichen Gesicht, und Sanftmuth aus dem blauen Auge.
O sey du meine Retterinn! lispelte er leise ihr zu, und faltete die Hände. Hervor zu treten, durfte er nicht wagen. Sein Anblick konnte sie verscheuchen. Aber sie kam, als ob ein Engel sie leitete, von einem blühenden Gebüsch zum andern, ihm näher, bis sie zwanzig Schritte von ihm sich niedersetzte [...].
Der gesellige Spötter folgte ihr von Gebüsch zu Gebüsch mit dem bunten Gesange; aber welch ein hohes, frohes, himmlisches Zauberentzücken floß in Ludwig's Seele, als das Mädchen in der Sprache des geliebten Vaterlandes auf einmal laut rief: Komm, lustger Spötter! Meinen Gesang lernst du doch nicht! Dann sang sie in einer rührenden Melodie, die aber von ihrer frohen Stimme heiterer wurde:
Ich klage dir in diesem fremden Lande,
In dieser stillen Wälder Einsamkeit,
Entfernt von meiner Muttererde schönem Strande
Des stillen Herzens tiefes Leid.

Denn hier ist meiner Jugend Sonne nicht:
Darum mein Herz in seinem Leid zerbricht.
Euch kenn' ich nicht, Euch Wolken, Mond und Sterne:
Des Windes Stimme dringt nicht in mein Herz;
Dort glänzt mein Stern in jener grauen Ferne,
Hier wohnet nur der Scheidestunde Schmerz;
Hier strahlt mir Armen ewig, ewig nicht
Der frohen Jugend schönes Zauberlicht.

So sang sie lächelnd, zum schönen Vogel emporsehend, der schwieg, als verzweifelte er, die Zauberstimme des Mädchens zu erreichen. Aber Ludwig stürzte aus dem Gebüsch hervor mit ausgebreiteten Armen, und rief mit den Tönen des Entzückens und des höchsten Schmerzens: O mir, mir strahlt hier der Jugend schönes Zauberlicht! Und mit diesen Worten sank er auf dem halben Wege auf die Kniee, denn das Mädchen war aufgesprungen im schnellen Schrecken, um zu entfliehen.

Da er kniete, blieb sie stehen, den Jüngling betrachtend, und unruhige Blicke zurückwerfend nach ihrem Rückwege.

Ich bin Ihr Landsmann, rief Ludwig sanft; ein Deutscher, ein Unglücklicher, der ohne Ihre Hilfe hier verschmachten muß!

Das hörte sie, und sie flog, die Wangen von Eifer der Menschlichkeit glühend, heran. Plötzlich stand sie, und fragte: Du bist Soldat? denn Deutsche, sagt mein Vater – Ach, meine Mutter! Warum lebst du nicht mehr? Warum hörst du die Sprache deines lieben Vaterlandes nicht in den schönen Tönen dieses Mannes!

O komm du, sagte sie nach einem Augenblick Schweigen: Verschmachten sollst du nicht, ob du gleichwohl – Gehörst du zu unsern Feinden? fragte sie zweifelnd wieder, und ihn unruhig betrachtend.

Ich war Soldat, edles Mädchen; aber ich bin es nicht mehr. Sie scheinen unruhig?

Deinetwillen. Aber sey du ruhig. Hier ist meines Versprechens Unterpfand. Sie reichte ihm die Hand. Er drückte sie an seine Brust. Sie ließ sie ruhig auf seinem Herzen liegen, und fuhr freundlich-unruhig fort: Mein Vater hasst unsere Feinde, die Feinde unserer unschuldigen Freyheit; aber du bist der Landsmann meiner Mutter, und bist du – hier warf sie ein frohlockendes Auge voll Theilnah-

me auf ihn – wie sie: so – o deutscher Mann, sie liebte Euch unendlich, und ich bin ihre Tochter.
Dein Gesang –
War meiner Mutter Gesang. Ich führte sie vor ihrem Tode noch Einmal ins Freye. Ich musste ihren Sitz nach Westen wenden. Sie sang – ach nie vergess' ich ihr schönes Vaterland – sie sang mit blassen Lippen den Gesang, und ihr Herz brach unter den schönen Tönen. Seitdem nenne ich Deutschland mein Vaterland, und jeden Deutschen – sie reichte ihm herzlich beyde Hände, und Thränen drangen in ihre Augen – meinen Freund. O du weißt nicht, was ich meiner Mutter danke!
Hier küsste Ludwig des Mädchens Hand; da aber erröthete sie, und sie schlug beschämt und süß das schöne Auge zu Boden. Eine Pause entstand, die Ludwig mit den Worten unterbrach: und Ihr Vater?
Recht, mein Vater. Sie führte ihn redend in das Gebüsch, wo seines Freundes Grab war. Sie fuhr zurück vor dem Grabe, und Ludwig erzählte ihr seine Begebenheit und seines Freundes Treue bis zum Tode.
Bis zum Tode treu, o das sind wir Alle hier. In einer edlen Empfindung erhob sie jetzt das blaue Auge zu ihm empor. Auch ich werde dir treu seyn bis zum Tode! Da pochte in schöner Unschuld die jugendliche stolze Brust zu dem bedeutenden Versprechen.
Aber mein Vater, hob sie zum Drittenmale lächelnd an. Er ist Euer Feind. Er muß es seyn, denk' ich; denn er ist ein Mann. Zwar sollte ich es auch seyn; aber ich kann es nicht – Sie legte die versichernde Hand auf den Marmorbusen, und sagte seufzend hinzu: Nein, ich kann es nicht, seit ich dich gesehen. Auch ist sein Bruder hier, den Eure Kugeln bey Bunkershill verwundet haben. Der hasst Euch! Euch desto mehr, weil er von Eurem Blute stammt. Nein, ich kann dich nicht hassen, deutscher Mann, nein. Ich sende dir meiner Mutter Magd. Sie soll dich dorthin führen in eine kleine Birkenhütte, die mein Vater nie besucht, nie Jemand, als ich und sie. Bleibe hier, ich will dir Nahrung senden. O deutscher Mann, rief sie, und sah ihn noch Einmal aufmerksam an: Ich bin ja so glücklich, so glücklich!
Sie hüpfte davon, über die Wiese weg, dem Eichenwalde zu. [...]

*

Wenn wir dieses ganze Geschehen wirklich mitempfinden konnten – und sei es, dass manchmal aufkommende Urteile uns daran hindern wollten, die wir aber entschlossen bekämpften –, dann haben wir tief ein Wunder von sich offenbarender *Unschuld* erlebt.

In diesem ganzen Geschehen lebt eine solche Unschuld, dass wir es, sobald wir auch nur ein wenig unser gewöhnliches Empfinden und Urteilen behalten, die ganze Schilderung gar nicht aushalten können, dass wir sie ‚schwülstig', ‚kitschig' oder was auch immer finden würden. Aber was ist Kitsch? Nicht alles, was eine Seele in ihrer Tiefe nicht mehr zu empfinden vermag, ist Kitsch. Kitsch ist, was selbst der Erschaffende nicht mehr wahrhaftig empfindet. Tut er es jedoch, ist das Empfundene ein wirkliches Bild des Wahren, Schönen und Guten. Wer dann trotzdem von ‚Kitsch' spricht, sagt nichts über dasjenige aus, was er vor sich hat, sondern nur etwas über seine eigene Flachheit und Unheiligkeit der Empfindungen.

Wer sich Bilder unschuldiger Mädchen ins Zimmer hängt oder Geschichten von unschuldigen Mädchen liest, um sich sentimental oder anders daran zu erfreuen, der macht sich nur eines unheiligen Voyeurismus schuldig – er vergeht sich sogar an jenem unschuldigen Mädchen, das gar nicht in der äußeren Wirklichkeit existiert. Auch ein Bild und auch eine Romanfigur kann man durch bloßes ‚Genießen' entheiligen und gleichsam durch seine eigene unheilige Seele besudeln.

Wenn man aber eine tiefe *Sehnsucht* nach einer solchen Unschuld hat, dann darf man dem unschuldigen Mädchen begegnen, es behutsam anblicken, von ihm lesen ... denn dann trägt auch die eigene Seele eine Unschuld in sich, die Unschuld einer aufrichtigen Sehnsucht... Sie unterscheidet sich vom bloßen Begehren durch die in ihr lebende tiefe Ehrfurcht.

Sowohl die Menschen, die sich Kitsch ins Zimmer stellen, als auch sehr oft die, die das Kitschige vehement entlarven und ablehnen, sind nicht in der Lage, das Gegenteil des Kitsches in seiner Wahrhaftigkeit zu empfinden. Beiden fehlt gleichermaßen die Unschuld der Seele. Die ersteren sind zu bürgerlich, sie haben gar nicht den *Mut* zu tiefen, reinen Empfindungen. Die letzteren sind zu ‚aufgeklärt' und damit zugleich zu ‚abgeklärt', sie wissen gar nicht mehr, was tiefe Empfindungen *sind*. Sie können nur noch überall Kitsch und Sentimentalität wittern, ihnen fehlt nicht nur der Mut, sondern auch die *Liebe* zur tiefen Empfindung, diese wurde ihnen durch die Verlogenheit des bürgerlichen ‚Vorbildes' gleichsam gänzlich in Widerwillen verwandelt.

Wir jedoch wollen jetzt das Wesen der Unschuld in aller Tiefe empfinden. Wir sagen nicht, alle Mädchen sollen so sein. Wir wollen einzig und allein empfinden, was die Seele fühlt, wenn ihr eine reine, tiefe *Unschuld* begegnet. Die Seele *kann* dies nur fühlen, wenn sie sich selbst so unschuldig macht, dass sie von dem, was ihr begegnet, auch wirklich berührt werden kann. Ein Stein bleibt vor der Unschuld so gleichgültig wie gegenüber einem Tritt... Die empfindende Seele jedoch schaut und spürt die unbeschreibliche, unendliche *Schönheit* der unschuldigen Seele.

Hier liegt die Hürde. Die Schönheit der Unschuld ist unbeschreiblich. Sie kann nur *um*schrieben werden. Worte können nur versuchen, ein Bild zu malen, aus dem dann die Unschuld hervorleuchtet, weil sie in ihren *Äußerungen* beschrieben wird. Aber dann dürfen wir diese nicht als sentimentale Aufzählungen von Klischees oder als gezielt aufgebaute Eindrücke empfinden, erleben oder deuten, sondern wir müssen ganz einfach *eintauchen* in das, was da beschrieben wird. Wir müssen es wie einen unmittelbaren Eindruck nehmen – und uns unmittelbar von dem Geschehen berühren lassen, rein empfindend, ohne Urteil und Vorurteil.

Dann können wir wirklich berührt werden – von der anmutigen Gestalt des Mädchens, voll unschuldiger jugendlicher Reize. Ohne dass sie von dem so nahen Jüngling weiß, hält sie Zwiesprache mit einem Vogel, der ihr folgt – und klagt ihm ihr Leid. Sie fühlt sich ihrer Mutter so innig verbunden, dass sie sich in dem Land ihrer Geburt im innersten Herzen fremd fühlt, obwohl ihr Vater ein Indianer ist und auch sein Blut in ihr fließt. Und so stimmt sie für den Vogel ihr trauriges Lied an, das nur durch ihr schönes Herz und ihre Liebe zu dem Vogel gemildert wird. Doch der Mond, die Sterne, die Wolken, der Wind – alles scheint ihr fremd, ist ihr nicht Heimat...
Als nun der Jüngling aus dem Gebüsch stürzt, wird die ganze Unschuld des Mädchens vollends sichtbar. Anmutig zwischen Flucht und Staunen gefangen, immer wieder unruhig sich umblickend, verharrt sie doch, und als sie seine um Hilfe flehenden Worte vernimmt, ist ihre Seele und sie selbst sofort bei ihm. Ihr Herz braucht keinen Augenblick nachzudenken, und auf ihren Wangen glüht eine unmittelbar empfundene Menschlichkeit. – Eindrücklicher kann eine schöne Seele gar nicht beschrieben werden, unschuldiger kann sie überhaupt nicht sein...
Dann fällt ihr eine Frage ein, die Worte ihres Vaters über Soldaten, dann aber unmittelbar auch die Mutter, deren Sprache der Fremde spricht. Ihre Unsicherheit und ihre innige Verbundenheit mit Vater und Mutter verleihen ihr wiederum die größte Anmut und offenbaren von neuem ihre ganze Unschuld.

Es ist immer wieder die *Unmittelbarkeit*, mit der sie fühlt, und dieselbe Unmittelbarkeit, mit der ihre Empfindungen sich ganz und gar offenbaren, worin der Zauber der Erscheinung dieses Mädchens liegt. Es ist vollkommene Unschuld im Ausdruck – also innigste Anmut, denn *was* sich offenbart, das ist ebenso unschuldig wie sein Ausdruck: es ist eine zutiefst schöne Seele...

Und diese Seele ist zugleich so voller Liebe, dass wir mit dieser Liebe unmittelbar im übernächsten Kapitel wären, wenn wir uns nicht vor allem auf die Unschuld besinnen wollten. Aber selbst ihre Liebe, ihre Freude, ihr Glück äußert sich so unschuldig, wie es überhaupt nur möglich ist. Nicht einmal sie selbst weiß wirklich, wie sehr sie längst liebt...

*

Wir können Unschuld nur empfinden, wenn auf sie auch in unserer *eigenen* Seele eine Unschuld antwortet. Und wir können sie nur bis zu der Tiefe empfinden, bis zu der sie auch in uns eine Unschuld erwecken kann. Jenseits dieser Grenze empfinden wir ‚Kitsch', wenn wir es nicht mehr vermögen, die *vollkommene* Unschuld wirklich mitzuempfinden...

Und doch hat die Seele eine Sehnsucht nach dieser Unschuld. Gewiss ist es vor allem die männliche Seele, die eine tiefe Sehnsucht nach der weiblichen Unschuld hat, aber wenn der weiblichen Seele die Tiefe der Empfindung noch mehr eigen ist als der männlichen, so wird auch in der weiblichen Seele eine tiefe (manchmal auch tief verborgene) Sehnsucht nach Unschuld leben – nach der eigenen Unschuld, aber auch nach der männlichen Unschuld.
Wenn Victor Hugo schreibt: ‚Die Frau ist ein Engel', so ist dies unmittelbar ein reiner Ausdruck für die tiefe Sehnsucht nach der weiblichen Unschuld. Es bedeutet nicht, dass *jede* Frau ein Engel ist, sondern es bedeutet: die Seele der Frau ist fähig, die Seele eines Engels zu werden. Die Frau *kann* ein Engel werden. Manche Frauen *sind* Engel. In der Frau liegt das Engelhafte – sie bräuchte es nur rein zur Offenbarung kommen lassen... Das liegt in Hugos Satz.

Die Sehnsucht des Mannes nach einem engelhaften Mädchen ist deshalb so tief, weil im Mann das Engelhafte gerade nicht liegt – oder wenn doch, dann weitaus weniger offenbar. Zugleich könnte der Mann diese Sehnsucht gar nicht haben, wenn er nicht *erleben* würde, dass gerade dies im Wesen der Frau verborgen liegt – oder sogar erleben würde, wie sehr sich dies an manchen Frauen offenbart, wie sehr vielleicht gerade an manchen *Mädchen*... Wenn der Mann in der Frau also einen Engel sieht, einen möglichen Engel, dann deshalb, weil dies auf *Erfahrung* beruht.

Vielleicht sind manche Frauen auf jene Wesen ihres Geschlechtes gar nicht gut zu sprechen, die dieses ‚Bild' verfestigen. Vielleicht blicken sie auf sie herab und nennen sie ‚Engelchen' und würden es am liebsten sehen, wenn diese Mädchen und Frauen vom Erdboden verschwinden würden – würden die Männer dann doch endlich begreifen, dass sie Frauen nicht mehr als Spielzeug halten und behandeln können und dass es heute nur noch ‚*freche*' Frauen und Mädchen gibt – mit welcher Tatsache die Männer sich lieber heute als morgen anfreunden sollten...
Und doch werden die Männer ganz sicher niemals aufhören, in ihrer Seele ein Idealbild zu tragen, das das eines *Engels* ist...

Die Profanisierung solcher Ideale entspricht ihrer Abschaffung, ihrer Vernichtung in der Seele – zumindest dem Anschein nach. Aber was bleibt dann übrig? Die profane Wirklichkeit, die aber immer von dem abhängt, was man in der eigenen Seele trägt. Trägt man darin nur Pragmatismus und ‚Realismus' werden auch die gegenseitigen Beziehungen so sein. Trägt man in der Seele Romantik, wird die Beziehung zu einem geliebten Wesen des anderen Geschlechts romantisch sein können. Trägt man in der Seele ein *Ideal*, dann wird dieses Ideal der anderen Seele helfen, in sich dasjenige

zu entfalten, was auch in *ihr* eine Sehnsucht nach diesem Ideal hat.
Ideale können nur dann zu Boden ziehen, wenn sie zu Erwartungen werden. Bleiben sie das, was sie wahrhaft sind, können sie immer nur helfen, Flügel zu entfalten. Eine Frau kann nur dann zu einem Engel werden – falls sie es nicht schon ist –, wenn ein Mann in ihr einen Engel *sieht*. Sie wird unmittelbar spüren, was der Mann an ihr liebt, und wenn sie ihn ebenfalls liebt, wird sie diese Seiten ihrer Seele vertiefen wollen...
Das gilt natürlich auch umgekehrt. Aber in dieser Richtung kann dann eine Frau über die Männer und das verborgene Heiligste in deren Wesen schreiben...

Ideale umfassen immer das, was ein Mensch *werden* kann, auch wenn er es noch nicht ist.
Wenn ein Mann in einem Mädchen einen Engel liebt, dieses aber gar kein Engel sein möchte, kann es dies dem Mann sagen. Allerdings muss es dann vielleicht damit leben, dass der Mann – den es vielleicht auch geliebt hat –, traurig wieder auf die Suche geht...
In solchen Trennungen liegt oft eine sehr, sehr schmerzliche Tragik, für beide Seiten. Ideale sind keineswegs Vorstellungen, die blind für die Realität machen. Bloße Ideal*vorstellungen*, die wenig anderes sind als Erwartungen, können die Realität unterdrücken – wirkliche Ideale aber sind etwas wesentlich anderes. Sie *erwecken* etwas in der Seele. Sie tun dies, weil sie es *sehen*. Und doch kann man in einem Menschen etwas sehr, sehr Schönes sehen, aber dieser Mensch will oder kann dieses Schöne gar nicht verwirklichen. Aber man verliebt sich nicht nur in das, was ein Mensch ist, sondern oft noch viel mehr in das, was ein Mensch nur zum Teil ist, zum Teil aber noch viel mehr werden könnte. Man *sieht* in ihm unendlich viel, und dies ist auch wirklich da, aber

teilweise erst als schöne Veranlagung, als Schönheit, die erst entfaltet werden könnte, immer mehr...
Liebesbeziehungen scheitern oft nicht so sehr daran, dass sich die beiden Menschen auseinanderentwickeln, sie scheitern vielleicht viel öfter daran, dass sie sich *überhaupt* zu wenig entwickeln. Sie scheitern daran, dass man aufhört, mit dem Ideal zu leben – im anderen Menschen das Idealische zu sehen, was dieser eben nicht wirklich entfalten will, und auch in sich selbst dasjenige nicht weiter zu entfalten, was der Andere so bezaubernd findet.
Wir wollen geliebt werden als der, der wir sind. Aber *sind* wir denn der, der wir sind – oder sind wir nicht viel mehr der, der wir sein könnten? Lieben wir denn uns selbst mit all unseren Fehlern innig?
Die Liebe hat immer auch mit einem Ideal zu tun – und gerade *das* macht sie so sehr zu einem Wunder. Wir müssen nur lernen, das Wunder lebendig zu erhalten. Das tun wir aber, indem wir das Ideal lebendig erhalten – und unsere eigene Seele, so dass sie dem Ideal immer mehr folgen kann. Liebe ist selbst etwas Ideales – und sie lebt durch Entwicklung. Der Mensch ist das sich entwickelnde Wesen schlechthin – und er ist dasjenige Wesen, das Ideale haben kann. Sagt dies nicht schon alles?

Ideale sollen nicht lähmen – aber das tun sie auch nicht, wenn man nicht sich selbst lähmt. Ideale, wenn man sie wirklich liebt, können immer nur helfen, die Flügel auszubreiten und die eigene Seele immer schöner zu machen, immer mehr ihre Heimat in der Welt der Ideale finden zu lassen.
Es ist wunderschön, einen Menschen zu lieben, der einem Ideal nahekommt. Es ist wunderschön, von einem Menschen geliebt zu werden, der etwas Ideales in einem sieht. Das einzige Hindernis, das hier trübend und hemmend wirken kann, ist ... der Mangel an *Unschuld*.

Letztlich scheitern alle Beziehungen an dem Mangel an Unschuld. Sie scheitern an der Selbstbezogenheit – und dem, was damit verbunden ist: Erwartungen, Schwächung der Liebe, Bequemlichkeit, Unwille, die eigene Seele schöner zu machen, als sie es im Moment ist...

Die Selbstbezogenheit ist der große Gegenpol zur Unschuld. Eine unschuldige Seele zieht die Liebe gerade deshalb so an, weil sie dies noch nicht hat: die Selbstbezogenheit. In der Unschuld liegt auch alles andere verborgen, was wir in diesem Buch empfinden wollen: Anmut, Hingabe, Liebe... Die Unschuld ist der Paradieszustand der Seele – und sie wird so sehr geliebt, weil wir alle diesen Zustand verloren haben.

Das Ziel des Menschen ist nicht ein Immer-selbstbezogener-Werden, ein Immer-frecher-Werden, es ist ein Wiedergewinnen einer neuen Unschuld. Andernfalls wird der Mensch an seiner Selbstbezogenheit und der damit einhergehenden Flachheit und Einsamkeit schließlich ersticken. Das ist kein Ideal, das ist die Hölle.
Gegenwärtig ist der Grad an Selbstbezogenheit, den die Menschheit erreicht hat, noch sehr angenehm – für die, die nicht auf der Strecke bleiben. Ein kleiner Teil der westlichen Menschheit kann sich fast alle Annehmlichkeiten leisten und seine gewonnene Selbstbezogenheit voll auskosten. Dazu gehört auch, dass man mit seiner Partnerin oder seinem Partner erleben kann, was man nur will – und dass man diese Partner auch wechseln kann, wann man will. Der Selbstbezogenheit steht alles offen, wirklich alles. Eines aber nicht: die Erfahrung der Unschuld und die Heiligkeit der Seele...
Jeder Mensch ist frei, sich den Grad an Selbstbezogenheit zu wählen, den er möchte. In diesem Buch aber möchte ich ein Ideal schildern – so, dass es erlebt werden kann. Und wir werden noch in diesem Kapitel auch die Frage vertiefen, ob

die Unschuld für die Seele in der heutigen Zeit überhaupt noch erreichbar ist.

*

Zunächst wollen wir noch einmal zu jener Unschuld zurückkehren, die scheinbar ganz verloren scheint. Wie verloren sie auch sein mag, sie kann uns noch immer *berühren*.

Zu dieser Unschuld gehört auch ein Leben, das das Glück gar nicht kennenlernen durfte:

Am Sarge eines jungen Mädchens

Myrtenlaub im gold'nen Haare,
Unter Lilien kühl und mild,
Liegst du lächelnd auf der Bahre,
Stummes, engelkeusches Bild!

Nie hat eines Jünglings Kosen
Diesen zarten Mund berührt,
Selbst der Tod hat seine Rosen
Nur in scheuem Kuß entführt.

Ach, dein Leben floß in Frieden,
Ohne Leid und ohne Haß, –
Leis bist du hinweggeschieden.
Wenig Augen werden naß.

Und wie dieser Glocke Schwingen,
Das zum frühen Grab dich ruft,
Wird dein Name bald verklingen
Spurlos in des Himmels Luft.

Deines reinen Leibes Bette
Zeichnet kein Gedächtnißstein,
Gras umwallt die öde Stätte,
Und die Winde säuseln drein.

Ach, das Holde, fern dem Ruhme,
Stirbt wie Frühlingsmorgenroth,
Und des Lebens zart'ste Blume
Blühet stille in den Tod.

Wilhelm Hertz (1835-1902)

Wir lesen solche Gedichte viel, viel zu schnell. Wir dürfen nicht so lesen, als würden wir innerhalb von einer Minute an das Ende kommen wollen. Vielleicht tun wir das, und doch sollten wir viel inniger eintauchen, in jede Zeile, ja in jedes Wort, in jedes entfaltete Bild.
Wie sehr kann uns ein solches Gedicht dann berühren! Das Mädchen, das da jetzt im Sarg liegt, hat nie die Zärtlichkeit eines Jungen erfahren dürfen. Leise hat es gelebt, leise starb es. Wenig Augen werden nass ... kann man dies empfinden? Diese Traurigkeit, die man noch empfindet, obwohl man dieses Mädchen gar nicht kennt? Aber man kann sich doch hineinfühlen – so als wäre man nun dort, bei dem Sarg des Mädchens. Bald wird sein Name verklingen und vergessen sein. Die zarte Blume seines Lebens blühte *still* in den Tod.
Wessen Herz von diesen Bildern, die sich wie mitten in die Seele hinein entfalten, nicht tief angerührt wird, der möge seine verlorenen und verblühten Empfindungen voller Trauer *suchen*, auf das nicht auch sie auf immer gestorben seien!
Selbst der Tod entführte – auch hier – das Leben des Mädchens nur in scheuem Kuss... Sein Leben verlief ohne Leid und ohne Hass, in einem wunderbaren, stillen Frieden der Seele. Und so lächelt das engelkeusche Antlitz des Mädchens noch auf der Bahre. Es starb in engelreiner *Unschuld*...

Kennen wir auch diese Unschuld nicht mehr? Die Unschuld des völligen Verzichts, die überhaupt kein Verzicht ist, weil der bescheidene Frieden zugleich ein reinstes Glück ist? Eine Unschuld, die keinen Hass kennt, nur den sanft leuchtenden

Frieden des Herzens? ‚...liegst du lächelnd auf der Bahre...'
Hier starb wirklich ein Engel.

*

Aber diese unendliche Unschuld ... wenn sie verloren ist, in der heutigen Zeit – welchen Sinn hat es dann noch, von ihr *berührt* zu werden? In Schilderungen, die allenfalls in frühere Jahrhunderte passten und sicher auch damals schon entweder Ideal oder wundersame Ausnahme waren?

Die erste Antwort darauf könnte sein: Ein Ideal ist ewig. Es hat kein Alter. Selbst wenn kein Mensch es mehr verwirklichen würde, selbst wenn alle Herzen es sogar als Ideal vergessen und nicht mehr empfinden würden – es würde noch immer existieren ... und bräuchte nur *wiederentdeckt* zu werden, um auch wieder empfunden zu werden.

Selbst wenn es eine Zeit geben sollte, in der die reinen Herzen völlig ausgestorben scheinen, so wird auch wieder eine Zeit anbrechen können, die dieses Ideal suchen wird wie keine Zeit vor ihr.

Aber auch die Gegenwart...

Wir sehen die Ich-Selbstbezogenheit zunehmen, wir sehen die Unschuld völlig verlorengehen, sich umwandeln in unentrinnbares Selbstbewusstsein und in Selbstbezug, in bewussten Genuss. Nicht mehr unschuldige Mädchen, sondern freche Mädchen – sie kommen überall hin, frech kommt weiter. Mädchen, die wissen, was sie wollen. Die Unschuld will nichts für sich – der heutige Mensch will alles. Alles, was er kriegen kann, ‚nur nicht langweilig'. Das ist der Tod der Unschuld. Sie ist seit langem gestorben. Auch sie still und leise – und ihr Name ist verklungen...

Wir sehen das alles – und doch kann man auch die zunehmende Not sehen. Die Not der Seele. Das Leiden, den Mangel an Glück, an Erfüllung, an wirklichem Frieden und Glück der Seele. Diese Not nimmt zu, sehr, sehr stark. Die Menschen erkennen noch nicht ihre Ursache – sie gehen noch immer weiter den Weg des Genusses und der Ich-Bezogenheit, und doch sehnen sie sich nach etwas ganz anderem. So, wie die Unschuld für alles schläft, was ‚ich will', denn sie will nur das Gute, so schläft der moderne Ich-Mensch für das, was wirklich die tiefe Sehnsucht der Seele ist. Die tiefe Sehnsucht der Seele *ist* Unschuld. Aber der Mensch ist inzwischen so sehr in Schuld, das heißt Ich-Bezogenheit, ertrunken, dass er sogar die *Existenz* der Seele völlig vergessen und verleugnen kann.

Und doch lebt tief verborgen in der Seele das Bild der Unschuld. Und lebt tief verborgen im Ich-Menschen die Seele. Und in der Seele des Mannes lebt das Bild des Mädchens – das zugleich ein Engel ist. Ohne dieses Bild wäre die ganze Menschheit schon längst zugrunde gegangen – seelisch und vielleicht auch physisch.

Wir können uns der Worte Chateaubriands erinnern: ‚Ohne die Frauen würde der Mann roh, grob, einsam sein und die Anmut nicht kennen.' Heute verlieren auch die Frauen, sehr oft ganz gewollt, ihre Sanftheit und ihre Anmut. Und doch trägt der Mann das Bild ihrer einstigen Unschuld noch immer in seiner Seele – und nicht nur das Bild ihrer einstigen Unschuld, sondern das unvergängliche Bild der *reinen* Unschuld, das unvergängliche Bild des engelhaften Mädchens an sich, als Urbild, als ein ur-ewiges Wahrbild. Es ist *dieses* Bild, ohne das der Mann wahrhaft roh, grob und einsam sein würde. Aber er trägt es in seiner Seele – und er wird es immer tun, solange die Seele überhaupt existiert.

Aber was nützt dieses unsagbar schöne Bild, wenn die Wirklichkeit sich nur immer weiter davon entfernt?

*

Heinrich von Kleist (1777-1811), ein jüngerer Zeitgenosse Wielands, nahm die Tragik der Gegenwart in gewisser Weise in seiner kurzen Erzählung ‚Über das Marionettentheater' vorweg.
Während Schiller 1793 die Gedanken über die Anmut zu einer Vollkommenheit führt und um 1800 die Romantiker und Idealisten um Novalis eine ganze, kurze Epoche beherrschen, schreibt Kleist 1810 jene Erzählung, in der der Ich-Erzähler in einem öffentlichen Garten einen erfolgreichen Operntänzer antrifft und mit ihm ins Gespräch kommt. Der Tänzer interessiert sich für das Marionettentheater, und sehr bald zeigt sich der Grund dafür.
Er empfindet die Bewegungen gewisser Marionetten als sehr graziös. Ihre Bewegung wird immer aus dem Schwerpunkt heraus geführt, und sie ist im weiteren ganz ohne eigenen Willen, kann alles niemals affektiert oder künstlich im Sinne von ‚gewollt' wirken. Der Führer der Marionette wiederum muss sich ganz in diesen Schwerpunkt hineinversetzen und dies durchaus auch mit Empfindung.
Der Tänzer beschreibt dann einige sehr negative Beispiele fehlender Eleganz aus seinem Berufsumfeld und sagt schließlich:

> Solche Mißgriffe [...] sind unvermeidlich, seitdem wir von dem Baum der Erkenntnis gegessen haben. Doch das Paradies ist verriegelt und der Cherub hinter uns; wir müssen die Reise um die Welt machen, und sehen, ob es vielleicht von hinten irgendwo wieder offen ist.

Als der Ich-Erzähler noch immer zweifelt, dass in einer mechanischen Marionette ‚mehr Anmut enthalten sein könne, als in dem Bau des menschlichen Körpers', erwidert der Tänzer,

> [...] daß es dem Menschen schlechthin unmöglich wäre, den Gliedermann darin auch nur zu erreichen. Nur ein Gott könne sich, auf diesem Felde, mit der Materie messen; und hier sei der

Punkt, wo die beiden Enden der ringförmigen Welt in einander griffen.

Das heißt, nur ein vollkommenes Wesen oder aber die bloße Materie – nur sie beide können letztlich die Anmut bewahren. Hinzu kommt noch das Tier, das auch kein Selbstbewusstsein hat. Denn der Tänzer berichtet von einer Fechtpartie mit einem Bären, der mit seiner Tatze alle Stöße so meisterhaft parierte, wie es ein wirklicher Fechter nicht besser gekonnt hätte, während er auf Finten überhaupt nicht reagierte.
Der Tänzer beendet seine Ausführungen mit den Worten:

> Wir sehen, daß in dem Maße, als, in der organischen Welt, die Reflexion dunkler und schwächer wird, die Grazie darin immer strahlender und herrschender hervortritt. – Doch so, wie sich der Durchschnitt zweier Linien, auf der einen Seite eines Punkts, nach dem Durchgang durch das Unendliche, plötzlich wieder auf der andern Seite einfindet, oder das Bild des Hohlspiegels, nachdem es sich in das Unendliche entfernt hat, plötzlich wieder dicht vor uns tritt: so findet sich auch, wenn die Erkenntnis gleichsam durch ein Unendliches gegangen ist, die Grazie wieder ein; so, daß sie, zu gleicher Zeit, in demjenigen menschlichen Körperbau am reinsten erscheint, der entweder gar keins, oder ein unendliches Bewußtsein hat, d. h. in dem Gliedermann, oder in dem Gott.

Was aber bedeutet dies nun für den Menschen? Auch dies deutet Kleist zuletzt noch an:

> Mithin, sagte ich ein wenig zerstreut, müßten wir wieder von dem Baum der Erkenntnis essen, um in den Stand der Unschuld zurückzufallen? Allerdings, antwortete er, das ist das letzte Kapitel von der Geschichte der Welt.

*

Wenn der ‚Weg zurück' unmöglich ist, kann nur der Weg in die Zukunft gegangen werden. Es muss *noch einmal* vom Baum der Erkenntnis gegessen werden. – und dies ist das *letzte Kapitel* der Geschichte der Welt...

Kleist hat insofern Unrecht, als die *Anmut* sehr wohl nur im Menschen zu finden ist, wie es bereits Wieland und Schiller erkannt haben. Das Tier ist nicht anmutig, es ist vielleicht durchdrungen von Harmonie und Eleganz der Bewegung, aber noch ohne Seele, noch ohne Empfindung von Gut oder Böse, doch gerade die *Seele* ist das Geheimnis der Anmut, die schöne Seele. Auch eine böse Intelligenz könnte die Anmut möglicherweise täuschend ähnlich nachmachen, aber dann wäre es wiederum nur der bloße Schein der Anmut, vergiftete Anmut ohne Seele...
Auch die Gliederpuppe, die Marionette, hat keine Anmut, auch sie kann nur den Schein der Anmut erwecken, weil wir Leben und Seele mit in sie hineinprojizieren. *Hätte* sie Seele, dann *wären* ihre Bewegungen anmutig, denn die Unschuld der Bewegungen hat sie bereits...
Unschuld ist das Geheimnis der Anmut, aber Unschuld der Seele – nicht die völlig andere Unschuld der seelenlosen Materie, des Tieres oder Gottes. Nicht ein unendliches Bewusstsein, nicht die schlafende Weisheit des Tieres, nicht das Bewusstlose der Materie, sondern allein die *Seele* bringt die Anmut zur Erscheinung. Ihr Geheimnis ist das Hereinstrahlen von etwas Unendlichem in etwas Endliches, Vergängliches, Zartes... Anmut ist die Offenbarung moralischer Schönheit in der Vergänglichkeit, in der sterblichen Leiblichkeit, in der Sanftheit, in einer gewissen Unbewusstheit, in *Unschuld*...

Die vollkommene Unschuld des Mädchens bedeutet, dass es den Fall in die Bewusstheit und in den Selbstbezug noch nicht mitgemacht hat. Sein Herz ist nicht selbstbezogen, denn in ihm lebt *Unschuld*. Unschuld ist aber auch nicht laues

Unberührtsein und Desinteresse, das könnte es auch sein, aber zur Unschuld des Mädchens gehört zugleich die Liebe seines Herzens – Liebe zu allem, was ist, ja, gerade zum Guten selbst. Die Unschuld des Mädchens ist innige Liebe zum Guten – und selbst diese Liebe ist ihm ganz unbewusst. Es liebt unschuldig, es ist als Mensch, als Mädchen, ein *Engel*.
Wenn die reine Liebe zum Guten unschuldig im Herzen wohnen kann, weil die Bewusstheit und der sich regende Selbstbezug, der sich zur Selbstsucht steigert, noch nicht erwacht sind, dann steht vor uns ... das unschuldige *Mädchen*.
Die Jungen und Männer wurden seit jeher zur Bewusstheit erzogen. Sie hatten zu regieren, zu kämpfen, zu arbeiten, Geld zu verdienen, für die Frau zu sorgen, sie zu beschützen. Sie hatten die Welt zu lenken. Auf diese Weise konnte für die Frauen und Mädchen die Aufgabe bewahrt werden, die Welt mit *Schönheit* zu durchdringen – mit der Schönheit der Unschuld. Mit der Schönheit der Liebe, der Güte, der Sanftheit, und diese Schönheit erreichte ihre tiefste Tiefe, wo sie unschuldig war, völlig unschuldig.

Unschuld ist der Glanz der Welt, das stille Leuchten. Da, wo in der Welt Unschuld ist, da leuchtet sie, da erglänzt etwas Unnennbares, Unbeschreibliches, etwas, was nur berühren kann.
Und die Welt hat nie aufgehört, die Unschuld tief zu bewundern, tief zu ersehnen – und doch hat sie sie immer mehr verloren, ja vertrieben und getötet...
Heute würde ein Mädchen mit einer völligen Unschuld des Herzens verlacht und verspottet werden, es würde scheitern, in einer Welt, die so sehr schuldig, hart und empfindungslos geworden ist. Und doch würde es die Herzen derjenigen Menschen, die noch empfinden können, zutiefst rühren und sie tief an etwas erinnern, an eine schon fast vergessene Sehnsucht.

Aber was kann man tun, wenn man von der *Unschuld* berührt wurde oder wird? Was kann man tun, wenn diese Unschuld auch in der eigenen Seele eine Sehnsucht entfacht? Was ist diese Sehnsucht? Warum wird die Unschuld so tief geliebt...

Warum geht die Seele ihrer eigenen Liebe so wenig nach? Sie könnte sich doch einmal einige Tage lang, ja einige Wochen oder Monate in die Frage versenken, warum das Unschuldige so tief geliebt wird...
Das Unschuldige will nichts für sich. Sobald es etwas für sich will, ist es nicht mehr unschuldig. Es kann etwas bedürfen, aber unschuldig wartet es oder bittet es, bis es ihm gewährt wird. Es *will nichts für sich*, es *hat* gar keinen auf sich selbst bezogenen Eigen-Willen. Das gerade ist das unbeschreibliche Leuchten der Unschuld, ihr Geheimnis. Ihr *fehlt* etwas, was alles andere *weniger* leuchtend macht, was das Leuchten verdunkelt. Im Selbstbezug geht das Leuchten, das im Ursprung da ist, verloren. Es wird weniger und weniger. Alles, was in diesem Buch vertieft wurde und noch wird, zieht sich zurück – nicht nur die Unschuld, sondern auch die Anmut, die Hingabe, die Liebe –, und zurück bleibt ... das Ich, der Selbstbezug. Dieser gerade ist es, wodurch sich alles andere zurückzieht, *er* zieht es zurück, er tötet es...
Das Ich will *sich* – die Unschuld ist noch für die ganze *Welt* da, das ist ihr Leuchten... Von der Unschuld kann alles ausgehen, auf ihr beruht die Anmut, die Sanftheit, das Geheimnis der Hingabe, der Liebe...

Die Unschuld wird so tief geliebt, weil sie das wahre Schönheits-Leuchten der Welt ist. Und es leuchtet selbst da, wo es niemand mehr sieht... Erinnern wir uns: ‚Und des Lebens zart'ste Blume blühet *stille* in den Tod.'
Warum wird das unschuldige Mädchen so oft mit einer Blume verglichen? Weil es eine Blume *ist*. Die Natur in all ihrer Schönheit ist erst recht unschuldig. Sie kennt den Selbstbezug

noch überhaupt nicht. Die Pflanzenwelt ist vollkommen rein, die Rose blüht nicht für sich, sondern um den Garten zu schmücken...

Wir wollen dies nicht mit Verstandesdenken beurteilen, das bereits auch schon tot und lieblos geworden ist, sondern wir wollen es *empfinden*. Die Rose blüht nicht für sich, sie blüht für den Garten. Die Rose kennt nicht einmal das ‚für', sie hat weder Eigen-Willen noch Bewusstsein, und doch blüht sie ‚für', weil dieses ‚für' von der göttlichen Welt, der sie ihr Leben verdankt, in ihr Wesen hineingelegt wurde. In der Rose lebt ein ‚für', und so auch in allem anderen Leben. In der ganzen Natur lebt eine unendliche Hingabe ... aber nur der Mensch kann dies *sehen* und *erkennen* – indem er es *empfindet*. Der Naturwissenschaftler kann dies belächeln, aber er belächelt auch die Unschuld des Mädchens. Er hat keine Ahnung von dem wirklichen Wesen dessen, was in der Schöpfung lebt. Er kennt nicht das unendliche Geheimnis der *Seele*. Jede Blume ist unschuldig. Unschuldig ist das Licht, der Sonnenstrahl am frühen Morgen. Es gibt so viel Unschuld in der Natur – und wir sehen es nicht mehr...

In der Natur *schläft* die Seele, und doch ist die Natur nicht *ohne* Seele, die ganze Natur ist gleichsam Seele, aber in einer verzauberten Gestalt – verzaubert um des Menschen willen. Die ganze Natur ist Seele, gerade das ist ihre Schönheit, es ist die Schönheit ihrer Unschuld. Reine Unschuld, verwandelt in reines Sein, in Wachsen, Blühen, in Schönheit, in das Licht... In der Natur *schläft* die Seele, im unschuldigen Mädchen blickt die Seele einen an...

Man müsste eigentlich zutiefst erschüttert werden, wenn man dies einmal in all seiner Reinheit erleben könnte. Man hat die unschuldige Natur ... was in ihr Seele ist, schläft, ist ganz in die Natur hineinverzaubert, rein natürlich geworden, naturhaft. Und doch haben wir das Blühen, die Schönheit, das Licht; die Weisheit unüberschaubarer Zusammenhänge, die harmonisch zusammenwirken – alles, damit die Natur *ist*, und damit sie *so* ist, wie sie ist, lebendig, in all ihrer Schönheit, in unvorstellbarer Schönheit und Vielfalt – und Hingabe ... an den Menschen. Und nun erlebe man innerlich einmal tief die unendliche Schönheit eines frühen Morgens, eines noch tauüberglänzten Morgens, sanfter Morgennebel, dann das Wunder der frühen Sonnenstrahlen, die dies mit ihrem zarten Neubeginn durchdringen...

Und *jetzt* erlebe man, was im allerersten Moment empfunden werden kann, wenn man etwas anderem begegnet ... den Augen eines unschuldigen Mädchens. Keine Gedanken, nur die Augen. Eben noch war diese Begegnung nicht da, jetzt wendet das Mädchen einem diese Augen zu oder schlägt sie auf, oder man selbst erblickt sie in diesem Moment – und man wird getroffen von *den Augen des Mädchens*.

In seinem Blick lebt sein Wesen, das Wesen seiner Seele. Im Blick des Mädchens schaut seine Seele uns an, und diese Seele ist: *Unschuld*. Und jetzt versuchen wir, diesen erschütternden Gegensatz zu erleben. In der Natur *schläft* die Unschuld, sie ist reines Dasein, reines Leben als solches. In den Augen eines Mädchens *blickt sie uns an*. Die Seele ist erwacht. Das Mädchen hat eine Seele, es ist eine Seele – und diese Seele blickt uns an.

Das Seelische erwacht, und es wird ein einzelnes Wesen, ein Wesen mit eigener Empfindung – und dieses Wesen schlägt seine Augen auf ... und blickt uns an.

Das ist das Geheimnis des *Mädchens*. Es ist erwachte Seele, eine Seele, die empfinden kann – die Schmerz empfinden kann, Freude, Leiden. Und in dieser Seele lebt: *Unschuld*. In ihr lebt nicht selbstbewusste Freude, Suche nach Genuss, nach Bestätigung, nach Erfolg, nach Unterhaltung, in ihr lebt nicht selbstbezogene Enttäuschung. In ihr lebt nur das reine Empfinden als solches. Das Empfinden ist nicht verbunden mit einem Ich-Bezug, es ist reines Empfinden, reine Seele als solche. Und weil das Ich noch nicht alles um *sich* schart, lebt in dieser Seele nur alles Andere.

Reine Empfindung – alle Eindrücke der Welt gehen rein in die Seele ein, werden von ihr *empfunden*, und die Seele antwortet auf sie, ebenso rein, ebenso unschuldig. In *Hingabe* nimmt die Seele alles auf, in Hingabe antwortet sie darauf – wir sind eigentlich schon mitten im nächsten Kapitel...

Das ist das Wesen des *Mädchens*. Es ist reine Unschuld, die in reiner Hingabe lebt ... in Anmut, in Liebe, unschuldig und schön in all seiner Unschuld und seinem guten Herzen...
Die Seele des Mädchens ist *gut*, von Liebe zum Guten durchdrungen, und sie ist es, weil ihr das Andere fehlt, was all dies herablähmt und an seine Stelle etwas anderes setzt... Die Unschuld macht seine Seele zu einem klaren See, der ganz von Licht durchdrungen bleibt...
Das ist es, was uns in den Augen eines Mädchens *anblickt*. Es ist etwas Unendliches, etwas Erschütterndes.

Aber was, wenn wir das Selbstbewusstsein, das Ich, bereits haben...?

*

Wenn wir uns von dem unschuldigen Wesen des Mädchens berühren lassen können, dann ist auch der Weg möglich, bis zu dem Wesen des Mädchens zu kommen, uns mit diesem Wesen ganz zu verbinden. Wir können mit diesem Wesen ganz eins werden, mit seiner Unschuld, mit seiner Schönheit. Das ist die Sehnsucht des Mannes, und vielleicht auch die Sehnsucht der Frau – aber ihr wahres Wesen wird überhaupt nicht begriffen.
Wir wollen uns mit dem Wesen des unschuldigen Mädchens vereinigen. Das Mädchen in all seiner Unschuld ist *deshalb* so anziehend, wir lieben es deshalb so sehr – wir lieben es,

weil es etwas hat, was wir nicht mehr haben, was wir aber zutiefst lieben. Wir lieben das Mädchen – und wir lieben das, was es hat. Wir lieben *in* dem Mädchen das, was es hat. Wir lieben es um dessentwillen. Wir lieben seine *Unschuld* – und für seine Unschuld lieben wir das *Mädchen*. Wäre das Mädchen nicht Trägerin dieses Wunderbaren, wir würden es nicht lieben – so aber lieben wir sie, die Unschuld *und* ihre Trägerin.

Aber das Mädchen ist mehr als nur Trägerin der Unschuld. Es verkörpert sie, es offenbart sie, es *ist* die Unschuld. Die Unschuld wird in dem Mädchen individuell, sie wird *sie*. Das Wesen des Mädchens ist Unschuld in einer ganz individuellen Gestalt. Es ist *dieses* Mädchen, und es ist *seine* Unschuld.

Ein Mädchen ist nicht wie eine Blume, von denen eine wie die andere aussieht (das Problem des Kleinen Prinzen), sondern es hat auch ein Ich, ein ganz individuelles Wesen – und gerade dieses offenbart dann die Unschuld auf seine ganz individuelle Weise, in seiner einzigartigen Anmut, in seiner einzigartigen Hingabe. Trotz aller Unschuld offenbart das Mädchen nicht nur Seele, sondern *seine* Seele, und hier liegt das Geheimnis des Ich, aber des Ich verbunden mit dem Geheimnis der Unschuld, des unschuldigen Ich.

In der Natur schläft die Seele, in den Augen eines Mädchens blickt sie uns an – und im Menschen wird sie schuldig...

Schiller hat das Geheimnis der Unschuld und auch dieses Zusammenhanges zwischen der Natur, dem Mädchen und dem künftigen Menschen, der neuen Unschuld, tief erfasst. Er hat dieses Geheimnis in die kürzeste denkbare Form gefasst, die ein Dichter nur finden kann. Er hat geschrieben:

> Suchst du das Höchste, das Größte?
> Die Pflanze kann es dich lehren.

Was sie willenlos ist, sei du es wollend –
das ist's.

Was die Pflanze *willenlos* ist, sei du es *wollend*. Schiller hat das Geheimnis der Unschuld beschrieben. Dieses Geheimnis kann nicht nur in jenem Reich leben, wo der Wille fehlt oder noch schläft – es kann auch in jenem Reich leben, wo der Wille erwacht ist. Wille und Selbstbezug sind nicht dasselbe, dies ist der Schlüssel ... zu jenem Tor, das wieder zu den Reichen der Himmel führt, nachdem man ‚das letzte Kapitel der Geschichte der Welt' durchschritten hat.

Doch das Paradies ist verriegelt und der Cherub hinter uns; wir müssen die Reise um die Welt machen, und sehen, ob es vielleicht von hinten irgendwo wieder offen ist.

Das Paradies *ist* offen, aber nur, wenn wir das Geheimnis, von dem Schiller spricht, begreifen – und nicht allein begreifen, sondern auch *er*greifen, als eine Aufgabe, einen Weg. Dieser Weg führt uns zu dem Wesen des Mädchens – aber nicht zurück, denn das ist nicht möglich, sondern zu einer neuen, einer verwandten, aber doch anderen Unschuld. Wir können kein Mädchen werden – und das Mädchen kann auch nicht für immer eines bleiben. Und doch können wir uns mit dem Wesen des Mädchens so innig verbinden, dass wir seine *Unschuld* zu einer bleibenden werden lassen können. Dann tragen wir auch das Wesen des Mädchens immer mit uns, dann ist es nie verloren.
Das ist die Ur-Sehnsucht des Menschen. Das Mädchen verwirklicht das reine Wesen der Seele. Dieses reine Wesen muss durch den Ich-Einschlag, der die Selbstbezogenheit bringt, zunächst verlorengehen. Aber es *kann* wiedergefunden werden. Und das ist die wahre Heiligung und Ehrung der Mädchen, des Wesens des *Mädchens* – dass sein Wesen, das Wesen der reinen Seele selbst, in der gefallenen Seele wieder

wahrgemacht und wieder zum Leben erweckt werden kann. Wir sollen nicht Mädchen werden, aber wir sollen das Wesen des Mädchens in uns aufnehmen, damit die Seele, die durch den Ich-Einschlag niemals mehr ‚nur' Mädchen sein kann, dennoch *auch* Mädchen ist, nämlich reine Seele.

Das Wesen des Mädchens ist der heutigen Seele nicht verschlossen, sie kann es wiederfinden. Sie kann den Weg gehen, der sie wirklich zu dem unschuldigen Mädchen führen kann, auf dass sie auch ihre *eigene* Unschuld wiederfindet, in völlig neuer Weise und auf neuer Stufe...

Wir können Schillers Spruch verwandeln und sagen:

> Suchst du das Höchste, das Größte?
> Das unschuldige Mädchen kann es dich lehren.
> Was es träumend ist, werde du es im wachen Willen...

Der Wille, der heute so oft dem Selbstbezug dient, kann *allem* dienen. Er kann auch wieder den Weg zu einer neuen Schönheit und Unschuld der Seele bahnen. Der Wille, der so sehr gelernt hat, das Seine zu tun, das, worauf er ‚Lust' hat, kann, wenn er es will, auch dasjenige lernen, was ihn *schön* macht ... schön, sanft, anmutig... Der Wille kann verwirklichen, was er will. Wenn er aber zu einer neuen Unschuld kommen will, dann muss er die *Hingabe* lernen. Er muss beginnen, die Hingabe lernen zu wollen.

Auch das ist Wille. Aber es ist der sanfte Wille. Es ist der Wille der Unschuld. Im Mädchen sehen wir ihn in seiner vollen Unschuld leben...

Hingabe...

Vielleicht liebt ein Mann oder ein Junge an einem Mädchen nichts so sehr wie ihre *Hingabe*, ihre Fähigkeit zur Hingabe. Diese ist etwas Unbeschreibliches. Nichts macht so sehr die Sanftheit und die Zartheit eines liebenden Mädchens aus wie diese Hingabe. Ein Mädchen kann aktiv sanft und zärtlich sein, aber wenn es sich *hingibt*...

Es mag von außen auch wie ein Selbstbezug, ein Genießen, ein reines ‚Bekommen' erscheinen, aber das ist etwas völlig anderes. Man kann sich auch dem Genuss hingeben, aber das ist nicht das, was hier gemeint ist. Hier ist eine Hingabe gemeint, die gerade allen Selbstbezug loslässt – oder nicht einmal kennt. Die Seele lässt sich nicht ‚verwöhnen', sondern sie kennt gar kein ‚sich', sie kennt nur das Sich-Hingeben, und dieses ist vollkommen, es ist nicht ein ‚Genießen', ein ‚für sich', es ist das Gegenteil, ein Sich-Schenken, wirkliche Hin-Gabe...

Die moderne Seele kennt das nicht mehr. Noch immer ist den Mädchen die Hingabe viel näher als den Jungen, und doch sind auch die Mädchen heute schon so bewusst, dass alle Zärtlichkeit – wenn es denn wenigstens diese noch gibt – mehr ein gegenseitiges Genießen, ein gegenseitiges, lustvolles Sichbefriedigen ist, sehr bewusst, bewusste Lust.
Wirkliche Hingabe dagegen ist für immer die gegenteilige Bewegung, es ist ein tiefes Sich-Schenken, ein reines, tiefes Empfangen. Das, was in der Zärtlichkeit und in der Vereinigung liegt, wird gerade in tiefster Unschuld erfahren und verwirklicht. Der Wille lebt nicht im bewussten Erleben und Genießen, er lebt nicht im Streben nach Lust, sondern er lebt unmittelbar *in* der Hingabe selbst, im Sich-Hingeben-Wollen, aus tiefer Liebe.

Diese unschuldige Hingabe ist das tiefe Glück eines Mädchens. Dieses Glück ist tiefer und reiner als alles, was an Lust und Ich-Bezug geknüpft ist. Überall, in jeder Vereinigung und jeder Ekstase wird *dies* gesucht. Doch jede Lust hinterlässt einen schalen Beigeschmack – jenen Beigeschmack, dass man vor allem *sich*, seine eigene Lust befriedigt hat, und sei es gegenseitig. Die Hingabe jedoch ist die gegenteilige Bewegung. Und darum ist *ihr* Glück das tiefste, das es geben kann.

Was zusammen mit dem Ich-Bezug zur bloßen Lust wird, das bleibt in der Seele des unschuldigen Mädchens etwas vollkommen Reines und Unschuldiges. Man kann es vielleicht nennen: ‚Wonne', ein unnennbares Empfinden seliger Vereinigung, ein Erschauern in der Wonne der sich und ihren Leib hingebenden Seele. Vereinigung in tiefster Liebe, und das heißt ohne jeden Selbstbezug, ist erst vollkommene Vereinigung. Nur in der Unschuld ist sie zu finden – denn nur in ihr wird auch die Liebe vollkommen.

*

Das liebende Mädchen

Lieb Mägdlein, was schlüpfest du schnell durch den Klee
Und schauest nicht um dich im Gehen?
‚Ich eile – doch still! – eh' es dunkelt, zum See,
Mich dreimal im Spiegel zu sehen.'

Im See wohnt ein Zaubrer, auch kommt bald die Nacht.
‚O gehet, ihr wollet nur scherzen,
Ich trage, und doch hat mir's Glück nur gebracht,
Ein zauberisch Bild schon im Herzen.'

Was willst du am See? ‚Ich will rufen hinab
Und flehend die Feie beschwören,
Die Anmuth und Schönheit so Mancher schon gab;
Wird wohl auch mein Bitten erhören.'

Du hast ja schon Aeuglein wie Sterne so klar,
Und Hände so weich wie von Seide,
Reich wall't bis zur Hüfte dein nußbraunes Haar,
O Mägdlein, die Eitelkeit meide!
‚Nicht mir zu gefallen besuch' ich die Fee'n,
Ich will für den Liebling mich schmücken.
Er soll, hat er heute so gern mich gesehn,
Mich morgen noch schöner erblicken.'

Karoline Leonhardt (1811-1899)

In diesem Gedicht lebt wiederum die Unschuld der Mädchen – und sie ist verbunden mit ihrer Hingabe.
Nicht, wie es die heutigen Mädchen tun, die sich schminken, weil man es eben so macht und weil man schön aussehen will, es selbst will, auch *sich* gefallen will – und natürlich den Jungen –, sondern völlig anders.
Wenn wir auch dieses Gedicht wieder langsam und empfindsam lesen, Wort für Wort, werden wir auch hier wieder viel, viel mehr empfinden, als wenn wir darüber hinweglesen. Es lebt in diesen nun schon weit über ein Jahrhundert alten Gedichten noch *so viel*.

Schon die erste Zeile, schon das erste Wort. Es ist ein *liebes* Mädchen, ein Mägdlein, schon darin liegt sein Wesen, seine Bescheidenheit. Dann seine Bewegung – man könnte, wenn man es nur wollte, seine ganze Anmut bis in die Worte hinein spüren. Es schlüpft schnell und heimlich durch den Klee, in unschuldiger Eile und auch Scheu – sehen wir seine sanften und schönen Bewegungen nicht vor uns?
Aber warum so schnell, so heimlich? Eh' es dunkelt, denn vielleicht hat es den ganzen Tag arbeiten müssen, mithelfen auf dem Feld oder dem Hof. Und ‚doch still!', denn niemand darf es wissen, nicht die Eltern und auch sonst niemand.
Reine Anmut, auch in der ganzen aufrichtigen Antwort, in

der sich die reine Seele spiegelt, sie hat nur diese eine einzige, unschuldige Heimlichkeit...

In der zweiten Strophe muss sich das Mädchen der Stimme erwehren, die ihr, vielleicht scherzend, Angst machen möchte. Man fragt sich, mit wem das Mädchen spricht. Es werden vielleicht Naturwesen sein, die seine reine Seele noch wahrzunehmen vermag. Ihnen gesteht es nun in scheuen Worten seine ganze Liebe: ‚Ich trage ein zauberisch Bild schon im Herzen...' Und selbst in dem unscheinbaren ‚O' von ‚O gehet' liegt noch ein anmutiger Anflug von Furcht. Die Seele des Mädchens ist so leicht zu bewegen wie eine Blüte im Wind...

In der folgenden Strophe gesteht sie aufrichtig, was sie am See möchte: Sie will zu jener Fee flehen, die Anmut und Schönheit so Mancher schon gab. Auch dies ist Hingabe – wer kann heute noch wahrhaft bitten und flehen? Dieses unschuldige Mädchen kann es noch... Und Bescheidenheit und Unschuld liegt sogar noch in jenem ‚so Mancher'. Sie empfindet sich nicht als Ich, sondern als Mädchen, als eine von vielen, verbunden mit ihren Geschlechtsgenossinnen. Sie will auch nicht schöner sein als sie, sie hofft nur, dass die Fee auch ihr das gewährt, was sie schon ‚so Mancher' gewährt hat. Die übrigen Mädchen geben ihr das Vertrauen, das auch sie dies erbitten darf – und sie tut es unschuldig, weil es die Mädchen nun einmal tun ... heimlich zum See zu laufen. Kann man die ganze, tiefe, hier noch lebende Unschuld in jedem Wort empfinden?

Und nun entgegnen die Naturwesen, was sie wahrnehmen: das Mädchen *ist* schon so schön... Sie beschreiben ein wunderschönes Mädchen mit einer wunderschönen Seele, denn seine Augen sind sternenklar... Und mit Sorge um seine Seele (die auch wieder in dem unscheinbaren ‚O' liegt) warnen die Wesen es vor jenem Einschlag, der seine Seele in etwas völlig anderes verwandeln würde.

Das Mädchen aber erwidert in seiner ganzen Unschuld. ‚Nicht mir...' – das ist das Entscheidende, was in der Seele dieses Mädchens lebt. ‚Nicht mir...'
Nur für den Geliebten will sie sich schmücken. Und auch dies nicht, um ihn an sich zu binden oder ihm aus eigenem Impuls noch mehr zu gefallen – sondern weil sie gespürt hat, dass er sie heute so *gern* angeschaut hat. Träumend spürt ihre Seele, dass der Geliebte Gefallen an ihrer Gestalt, ihrem Aussehen, ihrem äußeren Erscheinen hat – und um ihm eine *Freude* zu machen, möchte sie die Schönheit, die ihm so gefällt, noch größer machen.
Das schöne Mädchen möchte nicht gefallen, es möchte dem geliebten Jungen eine Freude machen. Es möchte nicht *mehr* geliebt werden als jetzt, es möchte nur, dass die Freude des Geliebten sich vergrößert, weil es gespürt hat, was ihm solche Freude macht... Darin gerade liegt seine Hingabe – dass es mit reiner Seele die Seelenregungen des Geliebten empfindet und dass es nichts anderes will, als das, was ihn glücklich macht, zu mehren...

Die ganze Seele des Mädchens ist bei dem *Geliebten*, nicht bei sich selbst...

Jemand ist nicht ganz ‚bei sich'... Das kann verschiedene Zustände der Verwirrung bezeichnen. Wenn aber die Liebe den Sinn verwirrt, dann tut sie dies so, dass sie einen Zustand der *Unschuld* herstellt, der vielleicht schon lange verloren war... Doch die wirklich unschuldigen Mädchen sind *nie* bei sich, sie sind selbstlos, ihr Wesen ist Hingabe.
‚Bei sich sein', das ist scheinbar ein Ideal. Aber wann wird die Zeit anbrechen, wo das ‚bei dem *Anderen* sein' ein Ideal werden wird?

*

Lassen wir einmal die folgende Szene auf uns wirken, und versuchen wir auch dies wieder ohne Urteile, nur mit einem reinen Mit-Empfinden.

> Sie atmete auf, als das Gewühl hinter ihr lag, als ein rauschender Akkord den Walzer schloß, dessen jubelnde Töne sie noch eine Weile begleitet hatten ... Jetzt durfte sie sich ungestört dem Zauber hingeben, der ihrem ganzen Denken und Sinnen einen süßen Bann auferlegte, der sie zwang, immer wieder auf jene längst verhallte Stimme zu hören, die mit ergreifendem Klange ihr Herz bestrickte, und vor welcher alle Vorsätze ihres Mädchenstolzes, alle Vorsichtsmaßregeln des Verstandes haltlos verwehten ... Sie dachte daran, wie sie zuerst ihm widerstandslos gefolgt war, obgleich ihr tief gekränktes Ehrgefühl ihr gebot, den Kreis, in welchem sie so unwillkommen erschien, zu verlassen; sie empfand noch einmal jene Glückseligkeit, mit der sie an seine Seite geeilt war, als er es vor allen Anwesenden betont hatte, daß er ihr für heute angehöre und keine Stellvertreterin für sie wolle. Er hätte sie bis an das Ende der Welt führen können, sie wäre ihm blindlings gefolgt mit unerschütterlichem Vertrauen und der vollsten Hingabe ihres ganzen Wesens ... Und ihre Eltern? ... Jetzt begriff sie, wie eine Jungfrau das Vaterhaus verlassen könne, um einem Manne anzugehören, dessen Lebensbahn bis dahin, fernab von der ihrigen, über vielleicht ganz entgegengesetztes Gebiet gelaufen war [...]. Noch vor zwei Monaten war ihr das ein unlösbares Rätsel gewesen.

Dies ist eine Stelle aus dem Roman ‚Goldelse' von Eugenie John. Er erschien 1866 unter dem Pseudonym E. Marlitt und erfuhr größte Verbreitung. Es ist ein moderner Aschenputtel-Roman. Elisabeth, das Mädchen, dessen Empfindungen hier geschildert sind, besitzt ein reines Herz – und es ist kein Wunder, dass *sie* schließlich das Herz eines adligen Mannes zu rühren vermag, dem alle eine abweisende Härte nachsagen. Aber es kann sein, dass auch das Herz eines Mannes im Innersten rein ist, und dass seine Härte auch darin begründet liegt, dass ihn so viel Falschheit umgibt. Und so können wir auch die ganz andere Hingabe des Mannes einmal mitempfinden, denn jener Herr von Walde gesteht dem Mädchen in einer ergreifenden Szene des Wiedersehens zuletzt:

‚Hören Sie mich einen Moment ruhig an, Elisabeth,' fuhr er fort; er selbst aber war so wenig ruhig, daß man das Klopfen seines Herzens in der schwankenden, von innerer Bewegung fast erstickten Stimme hören konnte. ‚Ein Mann, den das Glück bevorzugte, indem es ihm eine höhere Lebensstellung und Reichtum in die Wiege legte, mißtraute diesen Vorzügen, als er anfing, selbständig zu denken. Er fürchtete, daß gerade an ihnen das scheitern könne, was er Lebensglück nannte. Er schuf sich deshalb in bezug auf die Wahl seiner Lebensgefährtin ein Ideal; nicht, daß er außerordentliche geistige und körperliche Vorzüge beansprucht hätte, er suchte einfach ein Wesen im Besitze eines reichen und reinen Herzens, das kein Verständnis habe für die Vorteile des Ranges und Reichtums und sich ihm, nur ihm ohne jedwede Nebenrücksicht, hingeben würde ... Er kam allmählich zu der Überzeugung, daß sein Ideal ein Ideal bleiben werde; denn er war über seiner Erforschung nachgerade siebenunddreißig Jahre alt geworden ... Wenn die Hoffnung bereits die Flügel zusammenfaltet, wenn es dunkel werden will, dann hat das in der zwölften Stunde noch plötzlich aufglühende Morgenrot etwas Überwältigendes für die Menschenseele. Sie wird aus dem Geleise gerissen, und eben die Verspätung, das so lange erfolglose Harren stürzen sie in ein Meer von Zweifeln und lassen sie nicht recht mehr an das unerwartete Glück glauben ... Elisabeth, er fand ein solches Herz, das, unterstützt von einem klar erwägenden, reich ausgestatteten Geiste, hoch stand über jenen kleinlichen Interessen; aber es schlug in einer jungen, mit dem höchsten Liebreize geschmückten Hülle ... War es da wohl ein Wunder, wenn der gereiste Mann, der, wie er wohl wußte, nichts Bestechendes in seinem Äußern hatte, mißtrauisch und voll Angst auf einen anderen blickte, der Jugend und eine schöne Gestalt in die Wagschale legen durfte? ... War es ein Wunder, wenn er durch einen Blick, eine Versicherung, eine Handlung des jungen Mädchens sich einen Augenblick zu den kühnsten Hoffnungen hinreißen ließ, um im nächsten der tiefsten Mutlosigkeit zu verfallen, wenn er jenen um sie bemüht sah? War es nicht ganz begreiflich, wenn er fürchtete, die Jugend werde sich zur Jugend gesellen? ... Nie hat wohl ein männliches Herz glühender die Erfüllung seiner Wünsche herbeigesehnt, als das seinige, nie aber auch mag feiger gezweifelt worden sein an einem Erfolge, als er in namenloser Qual gezweifelt hat! [...] Elisabeth, ich stand heute völlig vernichtet und verzweifelnd an der Schwelle des Pavillons. Sie wissen nicht, was es heißt, wenn der Schiffer alle seine besten Schätze, seine Kleinodien auf ein einziges Schiff häuft, und dies vor seinen Augen versinkt...'

Die männliche Hingabe... Sie ist immer auch Verehrung. Denn sie verehrt das, was das *Mädchen* ist. Sie trägt ein Ideal in der Seele – und wenn sie dieses Ideal in einem wirklichen Mädchen wiederfindet, so verehrt sie das Mädchen, weil sie schon immer das Ideal verehrt hat und das Mädchen dieses nun leibhaftig verkörpert...

Das Mädchen braucht nicht diese Art von Verehrung, es besitzt ja bereits seine unendliche Hingabefähigkeit. Es kann sich da hingeben, wo es *liebt*. Und es kann aus unterschiedlichen Gründen lieben. Sein Herz kann durch den Großmut eines Mannes gewonnen werden, oder durch seine Gerechtigkeit, seine Milde, durch was auch immer. Auch das Mädchen bewundert diese Züge des Mannes und seines Wesens dann, vielleicht verehrt es sie auch, natürlich tut es das. Aber das steht nicht im Vordergrund, denn das Wesentliche ist, dass in seinem Herzen die *Liebe* erwacht – und die Bereitschaft der Hingabe...

Das aber gerade ist es, was der *Mann* an dem Mädchen liebt – und was er nicht nur liebt, sondern verehrt. Der Mann verehrt die Hingabefähigkeit der Mädchen, weil sie etwas ist, was er niemals haben wird, nicht in dieser Form. Er hat sie erst *durch* das Mädchen – und durch seine tiefe Verehrung für das Mädchen.

Das Mädchen gibt sich dem Mann hin, weil es liebt. Der Mann liebt das Mädchen, weil es sich hingibt...

Die Hingabe ist das Geheimnis der Unschuld. Eine Seele ist unschuldig, wenn sie sich hingeben kann. Diese Unschuld ist die Ursehnsucht der Seele, auch die des Mannes. Gerade deshalb liebt er die unschuldige Hingabe des Mädchens so unendlich.

Der Mann kann die Hingabe kennenlernen, wenn er sich der Liebe zu einem Mädchen und diesem Mädchen selbst hingeben kann. Das Mädchen aber kann sich *allem* hingeben – gerade das ist seine Unschuld...

Die Hingabe des Mädchens erstreckt sich nicht nur auf den Jungen oder den Mann, den es liebt. Sie erstreckt sich auf alles, was es tut. Hingabe lebt in der Frage, *wie* die Seele etwas tut. Wie blickt ein Mädchen einem Vogel nach? Wie tut es ein Mann? Das Mädchen blickt mit dem Herzen, der Mann mit dem Kopf, das Mädchen mit der Empfindung, der Mann mit dem Verstand...

Im Verstand kann auch eine Art ‚Hingabe' leben, der Wissenschaftler gibt sich seinen Gedanken oft sehr restlos hin. Aber den Gedanken ist nicht *Empfindung* eigen, die Hingabe ist also keine *mit Herz und Seele*. Es kann eine Versessenheit sein, eine Leidenschaft, ein ‚Verheiratetsein' mit der Forschung – aber es ist niemals die Hingabe, die das *Mädchen* an alle Dinge hat. Das Mädchen lebt im *Gefühl* mit allem mit, der Mann begleitet alles mit seinen Verstandesgedanken.

Der Mann umspinnt sogar noch Lebendiges mit seinen toten Gedanken, das Mädchen kann sogar noch Totes mit seinen Empfindungen wieder beleben.

*

Aber nicht jedes Mädchen hat ein reines Herz. Auch die Empfindungen können unrein sein. Der Selbstbezug wird gerade in der Empfindung geboren und ragt von dort aus in das Denken hinein... Hingabe lebt nur in dem *reinen* Fühlen. Dieses ist es, das sich nicht zu sich selbst zurückwendet, sondern immer ausströmt zu dem Anderen, zu dem Vogel im Geäst, zu der Blume, zu der zu tuenden Pflicht, zu dem Mann...

In einer anderen Erzählung mit einem sehr ähnlichen Motiv, dem damals ebenfalls äußerst erfolgreichen ‚Barfüßele' von Berthold Auerbach, das 1856 erschien, gibt eine Mutter ihrem Sohn folgende Ratschläge, die ihn empfindsamer für das wahre Herz eines Mädchens machen sollen:

> Nun begann die Mutter, indem sie die Hand des Sohnes faßte: ‚Bleib' stehen, ich kann im Gehen nicht gut reden. – Schau, daß sie dir gefällt, das ist natürlich das erste: ohne Lieb' ist keine Freud', und ich bin nun eine alte Frau, gelt, ich darf alles sagen?'
> ‚Ja, ja!'
> ‚Wenn du dich nicht darauf freust und es nicht wie ein Gnadengeschenk vom Himmel ansiehst, daß du ihr einen Kuß geben darfst, da ist's die rechte Liebe nicht, aber... bleib' doch stehen ... und auch die Liebe reicht noch nicht aus, da kann sich noch etwas anderes dahinter verstecken. Glaub' mir ... [...]
> [...] aber ich seh's einer am Mund an, ob der Mund schon geflucht und geschimpft und gescholten hat, und ob er's gern tut. Ja, wenn du sie im Ärger weinen sehen, wenn du sie im Zorn ertappen könntest, da wäre sie am besten kennen zu lernen; da springt der versteckte inwendige Mensch heraus, und das ist oft einer mit Geierkrallen wie ein Teufel. O, Kind! Ich hab' viel erfahren und ins Aug' gefaßt. Ich sah' daran, wie eine das Licht auslöscht, wie's in ihr aussieht und was sie für ein Gemüt hat. Die so im Vorbeigehen mit einem Hui das Licht ausbläst, mag's funkeln und blaken, das ist eine, die sich auf ihr schnelles Schaffen was einbildet, und sie tut das alles nur halb und hat keine Ruhe im Gemüt.'
> ‚Ja, Mutter, das macht Ihr mir zu schwer; eine Lotterie ist und bleibt es immer.'

‚Ja, ja, du brauchst auch nicht alles zu behalten, was ich mein', nur so obenhin, wenn dir's nachher vorkommt, wirst schon finden, wie ich's gemeint habe [...]. [...] Und wenn sie dir Red' und Antwort gibt, merk' auf, ob sie nicht zu blöd' und nicht zu keck ist. Du glaubst gar nicht, die Mädchen sind ganz anders, wenn sie einen Mannshut sehen, als wenn sie unter sich sind, und die, wo immer gar so tun, als ob sie bei jedem sagen wollten: friß mich nicht! das sind die schlimmsten, aber die so ein gewetztes Mundstück haben und die meinen, wenn jemand in der Stube sei, dürfte das Maul gar nicht stillstehen, die sind noch ärger.'
Der Bursche lachte und sagte: ‚Mutter, Ihr solltet einmal predigen gehen in der Welt herum und Kirche halten für die Mädchen allein.'

Die Mutter des jungen Johannes hat in ihrem Leben viel gesehen – und sie hat immer mehr gelernt, mit dem Herzen zu sehen. Als Bäuerin denkt sie auch sehr praktisch, so gibt sie ihrem Sohn auch den Rat, darauf zu achten, ob ein Mädchen beim Reden immer etwas in der Hand hat, an dem sie zugleich arbeitet – aber darauf kommt es hier nicht an. Es geht ihr darum, ihrem Sohn zu helfen, das *Innere* eines Mädchens empfinden zu können: Fleißigkeit, Bescheidenheit, Aufrichtigkeit, Güte...
Der Sohn kann zunächst nicht völlig verstehen, wie jede kleine Handlung die Seele offenbart, und er meint: ‚eine Lotterie bleibt es immer'. Und als die Mutter in ihrer Seelenkenntnis weiter geht und so das oft auch hässliche Innere verschiedener Mädchen offenbart, erwidert ihr Sohn lachend, sie solle einmal den Mädchen selbst predigen. Es ist eine Antwort, in der sowohl staunende Bewunderung lebt als auch die taktvolle Geste, dass es nun erst einmal genug sein möge mit Lebensweisheiten, aber auch dem Anschwärzen der Mädchen...
Das Wesentliche aber bleibt, dass all dieser aus wirklicher Lebensweisheit gegebene Rat schon wieder in der Seele des Sohnes aufsteigen wird, wenn die Situation da ist. Die Ratschläge haben das feinere Empfinden des Sohnes für diese

Details erweckt, seinen Blick dafür. Er wird künftig nicht direkt darauf achten, aber wenn die Situation da ist, wird er es *sehen*, weil sein Herz sehend geworden sein wird...

Auch der Mutter ging es um die Hingabe. Denn die Frage, wie man ein Licht löscht, *ist* eine Frage der Hingabe. Tut man es ‚im Vorbeigehen', kennt die Seele das Geheimnis der Hingabe nicht; sie ist oberflächlich, nicht tief. Die tiefe Seele gibt sich *allem* hin, und sei es nur für einen Moment. Sie tut alles mit Hingabe, und das kann man *sehen*.

*

Es ist sehr aufschlussreich, dass man es so sagen kann: Die tiefe Seele kennt die Hingabe, die oberflächliche nicht. Denn das bedeutet, dass die Selbstbezogenheit und Selbstsucht an der Oberfläche lebt und im Oberflächlichen *hält*. Die Tiefe dagegen macht die Seele selbstlos, weil die Selbstlosigkeit in der Tiefe lebt. Wenn sie aber in der Tiefe lebt, lebt sie im *Wesen* der Seele und *ist* sie das Wesen der Seele.
Wenn wir die Hingabe finden wollen, müssen wir also in die Tiefe gehen können...

Ich habe diesen Weg unter anderem in meinem Buch ‚Vom Wiederfinden des Fühlens' zu beschreiben versucht. In der Tiefe lebt das Wesen der Seele – also alles, was wir hier in diesem Buch kennenlernen können. Es ist gerade den Mädchen eigen, weil die Mädchen so sehr ganz Seele sind. Seele und noch nicht so sehr Geist; Seele und nicht so sehr Leib.
Der Mann ist zwischen Geist und Leib hin- und hergerissen, das Mädchen lebt in den Tiefen des Seelischen, das allen Zwiespalt immer wieder heilen kann...

Wenn wir dem Mädchen mit dem reinen Herzen auch in unserer Seele ähnlicher werden wollen, so müssen wir unsere

Seele verwandeln. Der Wille muss beginnen, wirklich so sein zu wollen, wie es die Seele des Mädchens von Natur aus ist. Und wenn er dies wirklich will ... dann muss er beginnen, das zu *üben*, was die Seele des Mädchens von Natur aus tut...
Das Mädchen mit dem reinen Herzen *braucht* seinen Willen gar nicht zu erziehen, er tut ja stets längst das, was in seinem Herzen liegt, und sein Herz ist ja längst rein und unschuldig. Das Mädchen leuchtet in unschuldiger Anmut, weil alles, was es tut, die reinste Offenbarung seines schönen Herzens ist...
Wir aber, deren Herz nicht rein, sondern selbstbezogen und auch verwöhnt, bequem, faul, ungerecht und unendlich vieles andere ist, *müssen* unseren Willen erziehen, wenn dieser sich ändern soll – und mit ihm langsam unser Herz.

Wie erziehen wir unseren Willen und unser Herz zur Hingabe? Wir können es einfach *tun*... Wir können mit einer Handlung beginnen – und dies kann sogar einfach das Wahrnehmen sein – und einfach versuchen, in diese *mehr* Hingabe zu legen, als wir es bis dahin stets getan haben. Und denken wir daran, dass Hingabe nicht einfach bedeutet ‚mehr Konzentration als vorher', sie bedeutet mehr Hingabe, ein Sich-Hingeben. Es ist mehr als nur Aufmerksamkeit. Es ist ein Loslassen des Ich, um *mit* dem Ich in das Andere hinüberfließen zu können. Insofern wird gar nicht das Ich losgelassen, sondern sein so scheinbar festverankerter Platz im eigenen Körper und Kopf. Die Aufmerksamkeit ist ganz bei dem, dem man sich zuwendet, das Bewusstsein ist ganz dort, die Empfindungen sind dort, das Erleben ist dort. Die Seele wird eins mit dem, dem man sich zuwendet, sie ist dort, nicht mehr hier...
Wir müssen diese Bewegung mit unserem Ich machen, das Mädchen macht sie von Natur aus mit seiner Seele, mit der sein träumendes, noch nicht erwachtes Ich noch ganz eins ist.

Das unschuldige Mädchen hat von Natur aus einen guten Willen. Diesen ur-guten Willen haben wir *alle*, wenn wir geboren werden, auf die Erde kommen und uns verkörpern. Das Mädchen aber *behält* ihn. Es gestattet seinem Willen nicht, sich von seinem Herzen zu entfernen – und sein Wille ist so beschaffen, dass er es auch gar nicht will... Die ganze Neigung des Mädchens geht nicht dahin, den Willen und die Empfindungen so zu richten, dass sie sich von dem Urguten im Ursprung des Herzens entfernen – und so bleiben sie immer mit diesem verbunden, und ebenso die Gedanken...
Unsere Gedanken, Empfindungen, Begierden, Willensimpulse sind oft sehr weit von dem Herzen entfernt, von jenem Ursprung des Urguten, der im Herzen wohnt. Die des Mädchens sind davon *nie* entfernt, erst recht niemals weit...

Wenn wir die Hingabe lernen wollen, können wir versuchen, uns innig in das zu vertiefen, was ein *Mädchen* ist. In das, was eigentlich seine Unschuld ist. In das, was seine Hingabe ist. Woher all dies kommt. Wie es sich anfühlt. Was seine Quelle ist, sein Geheimnis...
Wir können immer tiefer *empfinden*, was ein Mädchen ist. Und indem wir dies immer tiefer tun, werden wir immer tiefer eins mit seinem Wesen. Wir werden kein Mädchen – und doch werden wir es. Sein Wesen verbindet sich mit unserem Wesen. Es verwandelt unser Wesen, es heilt unser Wesen, und es führt auch unser Wesen wieder immer mehr zu unserem Herzen, dem Ort, wo auch *unser* wahres Wesen lebt.

Das Wesen des *Mädchens* ist die große Heilerin und Retterin der Seele des Mannes. Und wenn man diesen Gedanken an dieser Stelle mit dem Christus-Wesen in Verbindung bringen will, so muss man sagen: Das Wesen des Mädchens ist die treueste Dienerin dieses Wesens... Die Hingabe in Menschengestalt dient dem Wesen der Hingabe überhaupt, auf dass die Menschenseele, die Seele auch des Mannes, dieses allerhöchste Mysterium nicht gänzlich vergesse – sondern einst wieder so tief verwirklichen könne wie das Mädchen, dem es durch die Gnade der Natur, das heißt der göttlichen Welt selbst, so wundervoll geschenkt wurde...

Und doch sprechen wir im Grunde fortwährend von etwas, was es nur noch als Urbild gibt, als ein lebendiges Ideal. Es *gibt* keine vollkommen unschuldigen Mädchen mehr – und sie waren auch vor einhundertfünfzig oder zweihundert Jahren nur noch sehr, sehr selten, oder aber eben Idealgestalten eines Romans. Und im Laufe der letzten zweihundert Jahre ist auch in den Mädchen das Ich immer früher erwacht. Selbst wenn es das Ich eines sehr reinen Wesens ist, ist das Mädchen heute bei weitem nicht mehr so rein *Seele*, wie es das damals war. Es ist heute immer früher Seele *und* klares Bewusstsein.

Der *Intellekt*, der heute so stark betont und schon im Kinde so früh wie möglich hervorgezerrt wird, macht es der Seele schon früh unmöglich, noch in *der* Weise zu träumen, wie es für das Geheimnis der Unschuld notwendig wäre. Allzu früh wird das Augenmerk darauf gelenkt, dass man dies und jenes wollen könne – und oft wird es schon vom Kind sogar *verlangt*, dass es dies und jenes wolle, also einen *Eigenwillen* habe. Die Unschuld wird systematisch vernichtet. Ein Kind hat noch gar keine Möglichkeit, sich dagegen zu wehren, denn es versteht noch gar nicht, was geschieht – nicht einmal die Erwachsenen verstehen ja, was sie anrichten...
Aber das bedeutet, die Seele wird immer früher mit Bewusstheit durchdrungen – und auf den Strahlen der Bewusstheit dringt die Selbstbezogenheit in die Seele ein, denn unsere ganze Welt ist durchzogen von der Botschaft: Du hast ein *Recht* darauf, selbstbezogen zu sein, ja, du *musst* es, wenn du weiterkommen willst. Jeder ist es – und du wärst dumm, wenn du davon eine Ausnahme machen würdest.

Heute muss eine Seele gleichsam nicht nur unschuldig sein, wenn sie unschuldig bleiben will, sondern sie muss sich noch dazu gegen die wachsende ‚Schuldigkeit' der ganzen Welt wehren, die immer stärker wie ein schleichendes Gift die allgegenwärtige Botschaft bildet. Diese Botschaft dringt immer tiefer, erfüllt immer mehr alles, jeden einzelnen Winkel des Lebens.

Früher war die Welt auch schon ‚schuldig', aber früher war es noch bei weitem kein Ideal, selbstsüchtig zu sein, und es gab auch gar nicht die allgegenwärtige *Möglichkeit* dazu. Früher bestand das Leben aus Arbeit, und Arbeit macht von allein in gewisser Weise selbstloser. Heute besteht das Leben, so wird es zumindest fortwährend suggeriert, aus Genuss – und die Seele wird geradezu dazu gedrängt, zu genießen oder zumindest genießen zu wollen. Die unschuldige Seele muss sich heute nicht nur gegen die Schlechtigkeit der Welt wehren, sondern sogar gegen die *Botschaft*, dass dieser Zustand das Erstrebenswerte wäre.

Es ist nicht nur eine schuldig gewordene Welt, es ist eine Orwell'sche Welt, in der das Schuldigsein als Normalität verkauft wird und in der eine fortwährende Gehirnwäsche dazu führt, dass genau dies immer stärker die alleinige Wahrheit zu sein scheint.

Wie soll es in einer solchen Welt noch unschuldige Mädchen geben?

Und doch habe ich in meinem Roman ‚Sonnenmädchen' ein solches Mädchen geschildert. Es ist ein Mädchen, das einem jederzeit auf der Straße begegnen könnte – und das sich tatsächlich sozusagen auf die Straße stellt... Dieses Mädchen unterscheidet sich nur in einem von allen anderen Menschen: Es *fühlt*... Sein Herz fühlt viel tiefer als die anderen Herzen, und es fühlt viel reiner...

Das Geheimnis der Hingabe also – wo können wir es finden, wie können wir es lernen?

Es gibt nur einen Weg: den Weg der Sehnsucht. Da, wo wir die *Sehnsucht* nach diesem Geheimnis fühlen, da liegt auch der Weg zu ihm. Da, wo wir uns der eigenen Sehnsucht nach dem Urguten aufrichtig hingeben, da kommen wir ihm näher – und es uns.
Im Mädchen aber steht dieses Geheimnis leibhaftig vor uns, und sei es nur in der Vorstellung oder im Ideal. Das Mädchen kann uns immer wieder helfen, zu spüren, wie sich dieser Zustand *anfühlt* – die reine Hingabe, die Unschuld des Herzens. Vielleicht würden wir diesen Zustand nie fühlen können, wenn wir es direkt versuchen würden. Denn der Mensch kennt diese Zustände einfach nicht mehr, er kann sich auch nicht mehr zu ihnen erheben, weil er sein selbstbezogenes Ich einfach nicht loswird, sondern immer mitnimmt, in jede Vorstellung, in jedes Gefühl, in jeden Versuch... Aber was ein *Mädchen* ist, das weiß er noch, dieser moderne Mensch, das kann er noch fühlen. Auch, was die reine Unschuld des Mädchens ist, sein reines Herz, seine Hingabe, sein Wesen.

Und so kann das Mädchen immer wieder die Retterin sein, die uns die Wirklichkeit eines vollkommen anderen seelischen Seins finden lassen kann, auch die Wirklichkeit der Hingabe...

Die Liebe der Mädchen...

Wie liebt ein Herz, das rein und unschuldig ist – unschuldig wie das Sonnenlicht am frühen Morgen?
Es liebt mit anmutiger Hingabe...

Man mag solche Worte noch so oft verlachen oder angreifen, sie bleiben das Urbild des *Mädchens* und seiner reinen Liebe.
Wenn diese so nicht mehr existiert, dann, weil die Herzen nicht mehr unschuldig sind, weder die Herzen der Jungen und Männer noch die der Mädchen.
Das Verlieren der Unschuld betrifft alles, also auch die Liebe.
In der Liebe liegt eine Kraft, die immer wieder zur Unschuld führen könnte, aber was, wenn diese Kraft nicht ausreicht?
Wenn auch in der Liebe nicht mehr von der Entfremdung und der Suche nach Lust und Genuss zurückgefunden werden kann zum Geheimnis der Hingabe? Dann verschwindet das Wesen der Liebe auf Erden, und dann verschwindet auch das Wesen des *Mädchens* auf Erden.

Die Liebe der Mädchen, gewoben aus anmutiger Hingabe...
Nichts auf Erden ist so heilig wie diese Liebe, denn nichts ist so unschuldig.
Von Dichtern besungen und gewiss auch vielfach ersehnt, wendet sich die Liebe des Mädchens doch nur dem Einen zu, den ihr Herz auf geheimnisvollem Wege erwählt hat. Und das Herz des Mädchens wird meistens gar nicht aktiv gewählt haben, es wird auf einmal begonnen haben, zu lieben – dem Mädchen selbst rätselhaft, dem völlig unschuldigen Mädchen sogar als *Erleben* zunächst völlig rätselhaft.

Eine wunderbare Schilderung dieses Erlebens gibt wiederum die schon erwähnte Erzählung ‚Barfüßele' von Auerbach:

Barfüßele ging immer hinterdrein, eine gute Strecke von ihren Ortsangehörigen entfernt. Man ließ sie gewähren, und das war das beste, was man ihr antun konnte. Sie war bei ihren Ortsangehörigen und doch allein, und sie schaute sich oft um nach den Feldern und Wäldern: wie war das wunderlich jetzt in der Nacht, so fremd, und doch wieder so vertraut. Die ganze Welt war ihr so wunderlich, wie sie sich selbst geworden war. Und wie sie ging, einen Schritt nach dem andern, wie fortgeschoben und gezogen, und nicht wußte, daß sie sich bewegte, so bewegten sich die Gedanken in ihr von selbst, hin und her; das schwirrte von selbst so fort, sie konnte es nicht fassen, nicht leiten; sie wußte nicht, was es war. Ihre Wangen erglühten, als ob jeder Stern am Himmelszelt eine heißstrahlende Sonne wäre, und in ihr entflammte das Herz. Und jetzt, ja, als hätte sie's selbst angegeben, als hätte sie's selbst angestimmt, sangen ihre vorausgehenden Ortsgenossen das Lied, das ihr am Morgen auf die Lippen gekommen war. [...]
Als sie endlich in das Haus eintrat, kam ihr alles noch viel seltsamer vor als draußen: so fremd, so gar nicht dazu gehörig. ‚Warum kommst du denn wieder heim? Was willst du denn eigentlich da?' Es war ein wundersames Fragen, das in jedem Tone für sie lag, wie der Hund bellte und wie die Treppe knackte, wie die Kühe im Stalle brummten, das alles war ein Fragen: ‚Wer kommt denn da heim? Wer ist denn das?' Und als sie endlich in ihrer Kammer war, da saß sie still nieder und starrte ins Licht, und plötzlich stand sie auf, faßte die Ampel und leuchtete damit in den Spiegel und sah darin ihr Antlitz, und sie selber fragte fast immer: ‚Wer ist denn das? ... Und so hat er mich gesehen, so siehst du aus,' setzte ein zweiter Gedanke hinzu. ‚Es muß ihm doch was an dir gefallen haben, warum hätte er dich sonst so angesehen?' [...]
Endlich löschte sie ruhig und behutsam die Ampel und lag im Bett; aber sie fand keine Ruhe, rasch sprang sie wieder heraus und legte sich unter das offene Fenster, hineinstarrend in die dunkle Nacht und in das Sternengeflimmer, und in keuscher Schamhaftigkeit vor sich selber bedeckte sie Busen und Hals mit beiden Händen.

Das war ein Schauen und Sinnen, so schrankenlos, so wortlos, so nichtswollend, und doch alles fassend, eine Minute Gestorbensein und Leben im All, in der Ewigkeit.
In der Seele dieser armen Magd in der Dachkammer hatte sich aufgetan alles unendliche Leben, alle Hoheit und alle Seligkeit, die der Mensch in sich schließt, und diese Hoheit fragt nicht, wer ist es, aus dem ich erstehe, und die ewigen Sterne erglänzen über der niedersten Hütte...

Geheimnisvoll webt die Liebe ihre Empfindungen durch alles hindurch – und verwandelt die ganze Welt. Das Mädchen wird sich selbst wunderlich fremd, und auch alles andere wird ihm wunderlich fremd, es weiß sich noch gar nicht zu fassen in diesem ganz unbekannten Zustand... Die ganze Welt ist so anders, jedes Einzelne, und doch ist sie ja wie immer, aber wie kann das sein? Wie kann alles scheinbar noch immer so sein wie zuvor, man selbst ist doch so völlig verwandelt – was ist dies nur alles...? Fremd wird alles, geheimnisvoll fremd. Man ist wie herausgehoben...

Und ein Einzelner unter allen ist nun auch ganz herausgehoben, ist nicht mehr wie die Übrigen. Und wenn dann das ganz rätselhafte Gefühl sich verdichtet – sofern es bei dem unschuldigen Mädchen diesen zarten Beginn nehmen durfte –, wenn dann die Liebe wirklich das Herz durchdringt, schon ein wenig mehr verstanden, oder vielleicht sogar schon ganz verstanden...
Welch süße und zugleich furchtbare Empfindung hat auf einmal die ganze Seele erfasst – und wird so stark, wann immer man dem Einen begegnet!
Unschuld wird zu Scheu und zu Schrecken, das Mädchen weiß nicht ein noch aus – und vielleicht geht es dem Jungen ja genauso... Vielleicht aber hat das Mädchen auch einen reinen, sanften Stolz und liebt den Jungen nur von ferne, immer leise bereit, sogleich zu resignieren, wenn die Liebe nicht erwidert werden wird...

In welcher Form auch immer sich die Liebe im Herzen des Mädchens offenbart – sie ist immer sanft, nie besitzergreifend. Voller Hingabe ist die Liebe des Mädchens – und voll *stiller* Hingabe, solange sie noch nicht ihre Erwiderung findet.

Und wenn die Liebe des Mädchens dann erwidert wird – oder wenn es selbst die Liebe eines Jungen oder eines Mannes erwidert, der um seine Liebe geworben hat, dann vertieft sich seine Hingabe, und es wird offenbar, wie *tief* das Herz eines Mädchens ist...
Zu lieben und geliebt zu werden – unendlich ist dieses zweifache Glück des Mädchenherzens. Das Erwachen der Liebe...
Die Liebe *selbst*, im eigenen Herzen, ist ein Wunder, etwas zuvor ganz Unbekanntes, und geliebt zu *werden*, ist ein zweites Wunder, das Herz fällt von einem Glück ins Andere, es ist trunken vor Glück und Dankbarkeit. Und doch ist seine *Hingabe* gar nicht trunken. Sie ist rein und einzig das, was vollkommen natürlich dem *Wesen* des Mädchens entströmt und durch das Glück der Liebe nur seine größte Tiefe erreicht.

*

Das verfolgte Mädchen

Ich fühl' ihn, ich fühl' ihn hinter mir gehn,
Ich möchte den Kopf so gern nach ihm drehn,
Nur würd' er mir dann in die Augen sehn,
Und dann, dann wär' es um mich geschehn...

Ich fühl' seinen Blick, er streichelt mich leis,
Er ruht auf mir und ich weiß, ich weiß,
Sein Blick hat Lippen und küßt mich heiß,
Und mein Herzschlag stockt und mein Blut wird zu Eis!

Wie in einer Wolke geh ich daher;
Ach Gott, wenn ich nur schon zu Hause wär'!

Wie setz' ich die Füße so plump und so schwer!
Ach, wenn ich nur schon beim Tore wär'!
Und da ist das Tor. Und nun - Mutter vergib! -
Ich muß ihm zeigen, wie ich ihn lieb'!
Wie traurig er schaut! Ach, dürft' ich's nur wagen!
Ich möcht' ihm ja so gern was Liebes sagen...

Hugo Salus (1866-1929)

Die Liebe des Mädchens schwankt zwischen unschuldiger Furcht und Sehnsucht... Aber je größer die Furcht und die Unschuld zu Beginn, desto tiefer wird dann die Hingabe sein, wenn die Zeit es endlich erlaubt, einander die Liebe ganz zu gestehen...
Heute kennt man diese Gefühle kaum noch: die Scheu, die Furcht, die mit der Unschuld zu tun hat. Dazu gehörten auch die Verbote einer früheren Zeit, die streng darüber wachten, was ein Mädchen tat... Diese Zeit ist für immer vorbei. Und doch hatten das Verbot und die dadurch gegebene lange Verzögerung und auch unschuldige Heimlichkeit der ersten scheuen Annäherung der Liebe einen ganz eigenen Zauber verliehen. Die Liebe war ein heiliges Geheimnis, und alles, was damit zusammenhing, wurde dadurch sehr, sehr tief erlebt.

Früher wussten die Menschen und also auch die Mädchen: Den, den meine Liebe erwählen wird, der wird es *für immer* sein... Das war keine Drohung, sondern eine heilige Verheißung. Das Herz des Mädchens hatte einen heiligen Gedanken: den der ewigen *Treue*. Und dieser Gedanke, dieses tief empfundene Ideal war der Gegenpol zu seiner tiefen Hingabe seines Herzens.

~

Die Liebe des Mädchens ist so heilig, dass sein Herz auch für immer *gebrochen* werden kann:

Das verlassene Mädchen

Wie weil' ich so gern wo die Trauer webt,
Die düstere Fichte sich neigt und hebt
Hier unter den nächtlichen Lauben.
Er konnte das liebende Mädchen flieh'n,
Sie gab ihm doch Alles und Alles hin,
Ach! durft' ich dem Treulosen glauben.

Ein leises Geflüster durchbebt die Luft –
Wer klaget so einsam in Nebelduft,
Den Busen vom Kummer getroffen?
Ich war ihm so ewig, so ewig treu!
Die wonnigen Stunden sie sind vorbei
Was hab' ich im Leben zu hoffen!

Die Sterne verglimmen in grauer Höh'
Der Mond scheint düster über den See
Nach jenen Hügeln da drüben!
Ihr Glücklichen ruht von des Lebens Schmerz,
Ach! ruhte bei Euch dies gebrochene Herz,
Es durfte auf Erden nicht lieben.

Johann Ludwig Deinhardstein (1794-1859)

Lesen wir nicht immer wieder zu schnell, zu unbeteiligt? Können wir so lesen, wie die Seele eines Mädchens *fühlt*? Können wir weniger ein Gedicht lesen als vielmehr die fühlende *Seele* eines Mädchens? Können wir einmal noch den kleinsten Eindruck von ‚Literatur' abstreifen und einfach ganz und gar *eintauchen*, wie in eine Wirklichkeit? In das Heiligtum einer fühlenden Seele – einer leidenden Mädchenseele...
Und wiederum schon die erste Zeile... ‚Wie weil' ich so gern, wo die Trauer webt'.

In dieser einen Zeile zieht sich alles zusammen, was die Menschheit je an *Wehmut* gekannt hat. Könnten wir auch nur in diese eine Zeile eintauchen, zusammen mit dem Mädchen – unsere Augen und unser Herz würden *mit* ihm beginnen zu weinen... Wie weil ich so *gern, wo die Trauer webt*. Was muss in der Seele des Mädchens leben, dass es nur dort noch Trost findet, wo die Trauer webt...?
Aber wo webt die Trauer, wo weilt dieses arme Mädchen so gern? Es ist ... die Nähe der Verstorbenen! Auch sie wünscht sich, bei den Toten zu liegen. Ihr Herz – es durfte auf Erden nicht lieben... Es war nur *Einer*, den sie je geliebt hat – und ihm hat sie alles und alles hingegeben, ihre ganze Liebe, ihr ganzes Herz, so ewig, so ewig treu...
Wenn man dies alles wirklich empfinden würde, Zeile für Zeile, mitlebend mit der Seele dieses Mädchens – die Augen würden vor Tränen strömen, in tiefstem Mitleid mit diesem Mädchen, dessen Trauer und Leid man sich überhaupt nicht vorstellen kann...

~

Viele Mädchen haben einst dieses unendliche Leid erlebt – alle Mädchen, deren Herz rein war, rein, unschuldig und von tiefster, treuester Hingabe, und die dennoch verlassen wurden...

Zu diesem unermesslichen Leid konnte dann auch noch die Schmach dazukommen – die Schmach, sogar mit einem *Kind* verlassen zu werden. Dann wurden die Mädchen mit dem reinen Herzen oft sogar von ihren eigenen Eltern verstoßen.

Das verlassene Mädchen

Ich sitze manchen langen Tag
Mit meinem Kind am grünen Hag,
Wo ich an seinem Herzen lag,
Am Herzen lag.

Da nahm er mich in seinen Arm
Und küßte mich so warm, so warm –
Davon mir wurde bittrer Harm,
Ja bittrer Harm.

Sie stießen aus dem Elternhaus
In Nacht und Nebel mich hinaus –
Da ging mir wohl das Lachen aus,
Das Lachen aus.

Ich wäre tot schon sicherlich,
Mein armes Kind, du dauerst mich,
Möcht' fluchen dir und küsse dich,
Und küsse dich.

Otto Leixner von Grünberg (1847-1907)

Vielleicht konnten wir diesmal unmittelbar eintauchen in die seelische Wirklichkeit – die zutiefst schlichte Sprache und Dichtung kann es einem unendlich leicht ermöglichen; es ist, wie wenn das arme Mädchen unmittelbar einem selbst von all seinem Leid erzählt oder man ganz bei ihm ist, während es zu sich selbst spricht...

Das so unschuldige, leidgeprüfte Herz dieses Mädchens ist in seiner Schönheit ergreifend, unfassbar. Obwohl es verlassen wurde, sitzt es noch immer ‚manchen langen Tag' an jenem Ort, wo es die Liebe erlebt hat. Warum tut es das? Weil es noch *immer* liebt! Die tiefste Liebe des Mädchens kann niemals vergehen... *Das* gerade ist seine Hingabe. Wenn die Hingabe des Mädchens einmal gelebt hat, dann lebt sie für immer, für ihre einzige Liebe.

Und was muss dieses Mädchen leiden! ‚Sie stießen aus dem Elternhaus in Nacht und Nebel mich hinaus, da ging mir wohl das Lachen aus.' Von seinen Eltern kann es nur noch als ‚sie' sprechen – zu groß ist der Schmerz, das namenlose Leid. Nicht gegenüber seinem Geliebten, ihn liebt es noch immer –

aber gegenüber seinen Eltern lebt nur noch reinste Verzweiflung, unfassbare Trauer und Harm. Wenn *Eltern* nicht mehr lieben, dann muss doch die Welt all ihren Sinn verlieren...

Ohne sein Kind wäre das Mädchen sicherlich schon tot, und voller Mitleid bedauert es sein Kind um sein Schicksal. Das Mädchen weiß, dass es *sein* ganzes trauriges Schicksal dem Kind verdankt; ohne das Kind wäre es nicht verstoßen worden. Und so möchte es, wo es nach diesem Wissen geht, dem kleinen Kind fluchen – und *wieder* siegt die Liebe des Mädchens, wieder kann es das Kind aus Liebe nur küssen... Das kleine Baby ist das einzige Wesen, das dem Mädchen noch bleibt, als Band zu dem so treulosen Geliebten. Mutterliebe und treue Mädchenliebe verbinden sich hier zu einem erschütternden Ende. ‚Und küsse dich ... und küsse dich.'

In diesen beiden Gedichten liegt das Geheimnis der Liebe der Mädchen so tief, dass die Seele, die sich dem wahrhaft öffnet, es im wörtlichsten Sinne nicht fassen kann – dass sie zutiefst erschüttert vor etwas Übergroßem steht und nur eine hilflose, heilige Ehrfurcht zu Hilfe rufen kann...

*

Über die Unschuld und Treue der Liebe schrieb Hans Sterneder (1889-1981) ein außergewöhnliches Buch: ‚Die Neugeburt der Ehe'. Sterneder war ein zutiefst spiritueller Mensch. Von ihm stammen auch die Einweihungsromane ‚Der Sonnenbruder' und ‚Der Wunderapostel', die eine sehr große Auflage erfuhren.
In seinem Buch über die Neugeburt der Ehe findet Sterneder drastische, aufrüttelnde Worte an die Jugend, um sie auf das *Mysterium der Reinheit* aufmerksam zu machen, bevor sie gedankenlos geopfert wird. Die Sprache dieser eindringlich mahnenden Worte scheint heute kaum noch lesbar zu sein,

und doch kann sich die Seele wieder *empfindsam* machen für das, wovon hier gesprochen wird...

Zuerst versucht Sterneder ein Bewusstsein der *Oberflächlichkeit* des heutigen Lebens zu wecken. Es ist der Versuch, die wirkliche *Seele* zu erreichen – jene Seele, deren Wesen gerade das Gegenteil all dieser Oberflächlichkeit ist, weil es in der Tiefe lebt. Jene Seele, die über die Worte, die Sterneder findet, nicht lächelt und spottet, sondern die *selbst* so zu empfinden vermag, wenn ihr Wesen langsam immer mehr aus dem bösen Zauberbann erwacht:

Äußerlichkeit und Gepferch sind der Triumpf der Masse.
Millionen von Menschen stürmen dauernd, selbst bei Regen und Sturm, auf die Fußballplätze, verstarren sich bis zur Raserei in den fliegenden Lederball, den stoßenden Fuß. [...]
Hängen Legionen junger Menschen an den geist- und gemüttötenden, übelste Geräusche auskreischenden Musikboxen. Verzerren sich Gliedmaßen und Gesichter in kläglichen Verrenkungen. Kauen hunderttausend Kiefer in gedankenträger Mechanik den importierten Kaugummi.
Alles Äußerlichkeit, ihr ganzes Leben eine einzige, seelenlose, furchtbare Äußerlichkeit!
Überall eine dauernde Flucht vor sich selbst!
Doch wie soll es auch anders sein?
Die Wissenschaft ist trotz all ihrem emsigen Gebaren blutleer, denn sie findet vom Trug nicht zur Wahrheit, geht vom vergänglichen, nur die Hülle darstellenden Stoff nicht zur unvergänglichen, geistigen Wesenheit. [...]
Zu Dir aber, o Jugend, die du das neue Geschlecht bist [...] – zu euch will ich reden!
Eure reinen Seelen müssen den Grabeszustand fühlen, in den die Menschheit gesunken ist und von dem der große russische Dichter und Seher Leo Tolstoj sagt, daß es ihm scheint, als ob lebende Leichname über die Erde gingen.
Eure unbefleckten Herzen müssen die Lichtferne, die innere Leere der Zeit spüren! [...]

> Blicke um dich! [...]
> Siehst du nicht überall Oberflächlichkeit?
> Siehst du all das sinnlose, menschenunwürdige Gejage?
> Siehst du die Liebeleerheit?
> Siehst du die Lebenskühle?
> Siehst du die Seichtheit der Lebensführung? Die flachen Wünsche und billigen Ziele der Masse? [...]

Die Jugend hat in ihrem allerersten Beginn noch ein tiefes, reines Empfinden für dies: für die Oberflächlichkeit, für die Kälte, für das Erschreckende desjenigen Lebens, das sie vorfindet... Aber allzu schnell ist auch die *Anpassung* möglich, die ja schon in der Kindheit beginnt. Anpassung und Konditionierung. Schon sehr früh wird die wirkliche Seele begraben, und übrig bleibt das, was den Versuchungen der Oberflächlichkeit freudig und lustvoll entgegeneilt – und dies ist schon nicht mehr die wirkliche Seele...
Aber die wirkliche Seele ist ja nicht *verschwunden*. Sie ist nur hinuntergedrängt in eine unbewusste Tiefe, verurteilt zu einer bewusstlosen Gefangenschaft, aus der allenfalls noch die Sehnsucht ins Bewusstsein hinauffragt. Und doch kann das wahre Seelenwesen wieder bewusst werden, wenn es *gerufen* wird...

Darauf hofft Sterneder, auch im Folgenden. Und nun wendet er sich dem Geheimnis der Begegnung der Geschlechter zu, der Begegnung von Junge und Mädchen... Deutlich machen will er, wie sehr diese Begegnung geheiligt werden kann. Die tiefste Heiligung liegt aber erst da, wo das tiefste Geheimnis dieser Begegnung wirklich empfunden werden kann: das Geheimnis der *Heiligkeit* der Fortpflanzung und Zeugung.
Anknüpfend an die rasant zunehmende Leere des heutigen Lebens und die Seichtheit der Wünsche und Begierden der Masse schreibt er weiter:

> Darum sucht vor der Ehe nur Eines zu ergründen: die *Seele*! [...]

Seid euch nie Beuteobjekte eurer Lüste und Triebe! [...]
Da euch nun schon der Staat nicht Lehrer und Helfer sein kann, so geht zur großen, wissenden Mutter des Lebens, geht zur Mutter Natur, öffnet euer Herz, geht zu den Pflanzen, schaut ihren Wuchs und wie vollendet und rein ihr Wachstum gebaut wird von der Mutter Erde und dem Vater des Lichtes.
Schaut die Reinheit der Tiere des Waldes und der Flur!
Sehet die harrende Reinheit und wie sie trotz all ihrer Kraft demütig warten, bis die große Stunde ihrer Vereinigung gekommen ist.
Geht zu den Blumen, ihr jungen Mädchen mit den unbefleckten Schoßen und laßt euch von ihnen den Willen der Gottheit künden.
O geht zu den Vögeln und Tieren des Waldes, ihr Jünglinge, und laßt euch von ihnen weisen, daß Liebessehnen und Sinnesdrang von Gott all Seinen Kindern nicht gegeben ist zu billigem, eigensüchtigem Genuß und unverantwortlicher, voreiliger Verschwendung, sondern daß die heiligen Säfte des Lebens, die durchglüht sind von den Feuern des Verlangens, beide einzig nur eingesenkt sind in das Geschöpf, damit es dieselben bereit habe für die Stunde des hohen, heiligen Tempeldienstes der Forttragung des Lebens! [...]
O sagt, ihr jungen Mädchen und ihr Jünglinge, ahnt ihr nicht, was Gott für einen königlichen Schatz in euch gelegt hat?
Fühlt ihr nicht, daß Er euch alle auserkoren hat zum Tempelhüterdienst des heiligen Lebens? [...]
Wollt ihr euch arm machen und leer *vor der Zeit*? [...]

Die fast unmögliche Herausforderung ist, heute überhaupt noch zu begreifen, was Sterneder damit sagen will. Wir assoziieren mit alledem sofort etwas anderes als das, was es in Wahrheit ist. Es ist eben *kein* Dogmatismus, keine Reinheits-Ideologie, keine Naturlehre, kein Keuschheits-Fanatismus und was wir sonst noch daran erleben könnten.
Wir stehen wieder vor demselben Problem, das schon früher das Hindernis war, in bestimmte Gedichte eintauchen zu können, weil die ‚moderne' Seele sie als Kitsch empfindet, wäh-

rend sie einzig und allein nicht mehr tief und rein genug *erleben* kann. Es geht um den entscheidenden Unterschied zwischen Wahrheit und Dogma, zwischen Wirklichkeit und Pharisäertum, zwischen Innen und Außen. Man könnte sich vorstellen, dass ein Luftballon mit reinster Luft gefüllt ist, während er in einem Raum schwebt, dessen Luft ganz verpestet ist. Zwischen Innen und Außen liegt nur eine hauchdünne Haut – und doch trennt diese Welten...
Sterneder spricht von etwas, was niemals Ideologie und Dogma werden darf, weil es dann Lüge und Gift wird. Was Sterneder schreibt, könnte auch die katholische Kirche oder eine völkische Ideologie schreiben – aber in unserer Zeit hängt es längst davon ab, *wer* etwas schreibt und was in seinem *eigenen* Herzen lebt. Die bloße Ideologie geht allzeit einher mit Missbrauch, Kälte und Unwahrhaftigkeit – sie entheiligt stets selbst dasjenige, wovon sie spricht. Sterneder aber spricht von einer heiligen *Wirklichkeit* – und er hofft, dass man diese empfinden kann.

Der Bereich der Fortpflanzung *ist* etwas zutiefst Heiliges – auch wenn es der ‚modernen' Seele fast unmöglich geworden ist, dies überhaupt noch zu erleben. Aber dieser Seele ist ja *nichts* mehr heilig. Das gerade ist ihr Problem, das sie früher oder später zugrunde richten wird. – Wenn aber die Seele wieder beginnen könnte, die Oberflächlichkeit von allem zu empfinden, dann stünde ihr auch der Weg wieder offen, mehr und mehr die Heiligkeit derjenigen Sphäre zu empfinden, in der das Mysterium der Zeugung neuen Lebens wohnt...
Sterneder geht es nicht darum, Keuschheit zu predigen; es geht ihm überhaupt nicht darum von außen *irgendetwas* zu predigen – sein einziges Ziel ist es, die jugendliche Seele *selbst* wieder etwas erleben zu lassen, was erlebt werden kann, wenn man es nur versucht. Und es geht darum – das ist der entscheidende Punkt –, dass man selbst etwas für immer verliert, wenn man es *nicht* versucht...

Sterneder ist also ein Rufer in der Wüste. Er will nichts für sich, er will nur, dass die jungen Menschen etwas unendlich Wesentliches *erkennen*, ehe es zu spät ist...

Bevor wir weitergehen, um zu erleben, was dieses Wesentliche ist, wollen wir noch einmal versuchen, etwas von dem zu erleben, wovon Sterneder gerade gesprochen hat.
Es ist unendlich leicht, es zu belächeln, wenn jemand die Jugend auf die Natur weist, um von ihr zu lernen. Viel schwerer ist es, dies einmal *ernst* zu nehmen – denn das können wir gar nicht mehr. Aber die wahre Seele könnte es sehr wohl – und auch wir könnten es trotz allem, wenn wir nur den Willen aufbringen, der uns zur Verfügung steht. Alles, was wir brauchen, ist die Unbefangenheit und die Unschuld, die wir von dem Mädchen lernen können... Alles, was wir brauchen, ist, in Unschuld und Hingabe in einen Gedanken eintauchen zu können, um ihn *von innen* erleben zu können. Können wir dies – ohne immer nur ganz in unseren eigenen Gedanken, Urteilen, Assoziationen, Überzeugungen, Gefühlen, Trieben und Impulsen zu bleiben? Oder nehmen wir dies wie ein ewiges Gefängnis immer und überall mit, können uns nie davon lösen? Das Geheimnis der Hingabe des Mädchens ist es, dies alles immer wieder völlig *ablegen* zu können...
Könnten wir dies aber – könnten wir mit reiner Hingabe und keinerlei eigenem Urteil dem Hinweis folgen, so würden wir erlebend in die Natur eintauchen. Und in diesem reinen, durch nichts anderes abgeschwächten oder entfremdeten Erleben würden wir tatsächlich und unmittelbar die *Heiligkeit* der Fortpflanzung in der Natur erleben. Wir würden die Reinheit, die Keuschheit und das wirkliche Mysterium erleben.

‚Geht zu den Blumen, ihr jungen Mädchen mit den unbefleckten Schoßen...' Das ist kein altmütterlicher oder altväterlicher Aufruf zur Sittsamkeit, es ist der Versuch, die empfindende Seele *erleben* zu lassen, was für ein königliches, ja, heiliges Geheimnis im Bereich des Schoßes liegt und was das tiefe, unbeschreibliche Mysterium der Fortpflanzung ist.

Der Mensch verliert etwas Unendliches, wenn er dies nicht mehr erlebt. Er verliert ein unendlich Heiliges – und gewinnt stattdessen nur ... oberflächliche Lust.

Die Seele, die bereits dieses Lusterlebnis ergriffen hat, ist längst so entfernt von dem anderen Geheimnis, dass sie über all solche Worte nur lächeln kann, sie *kennt* das Andere überhaupt nicht mehr. Ihr ist es herzlich egal, was das Heilige an dem sein könnte, an dem sie so viel *Lust* hat. Dass die Achtung und das Erleben des Heiligen etwas sein könnte, was alle Lust, die sie kennt, unendlich übersteigen könnte, das liegt außerhalb des ihr jemals Denkbaren. Hier liegt dann auch der Spott: er liegt da, wo man etwas nicht mehr denken, fühlen, wollen kann...

Aber Sterneder macht sehr, sehr deutlich, dass auch der Seele *selbst* etwas Unendliches verlorengeht. Nicht nur um die Achtung heiliger Gesetze geht es, mit denen die Seele nichts zu tun hat, sondern um die Armut, die Verarmung der Seele selbst, die sich in die bloße Lust stürzt. Die Seele ist frei darin, den heiligen Schoß nicht nur der Fortpflanzung hinzugeben, sondern *allem*, worauf sie Lust hat. Aber sie ist nicht frei darin, zu erleiden, was dann geschieht...

Und so warnt Sterneder, nicht als Sittenprediger, sondern als Seher, nicht zürnend, sondern mit Schmerz, Liebe und Hoffnung in die jungen Menschen – und selbst in den drastischsten Worten müssen wir seinen Versuch sehen, die Seele zu *eigenem* Erleben aufzuwecken:

> Jugend, die nach dem Sommer verlangt in zarter, knospender Frühlingszeit und in leidenschaftlicher Sündigkeit dem Gesetz der weisen Entwicklung aller Natur vorgreift, wird in ihrer ungezügelten Triebhaftigkeit furchtbar von der heiligen, streng wachenden Mutter Natur bestraft! [...]

Sie sehen mit Schaudern, daß sie Bettler geworden sind, denen das Leben nichts mehr schenken kann, da sie sich vorzeitig um das Köstlichste, Jauchzendste, Seligste gebracht haben: um das unbefangene, glückhafte Genießen des Jungseins, um das wonnige, blutdurchrieselnde Beben vor einem Etwas, das man ahnt, das man fühlt, das den jungen Leib durchzittert wie den zarten Halm auf dem Felde und das man doch nicht bewußt erkennt.
Unberührte Jünglinge und Jungfrauen aber, die alle Kraft noch wohlgehütet tragen, sind wie eben aufgebrochene Blüten, die unsere Augen hell entzücken ob ihres ersten, unverbrauchten Schimmers; sind wie das leuchtende Blinken eines Waldquells, den der erste Sonnenstrahl traf. Ach Gott, und in diesem Ahnen und doch nicht Wissen, in diesem Drängen und dieser wohlbehüteten, reinen und frischen Unverbrauchtheit liegt ja die höchste Seligkeit des Jungseins, liegt überhaupt das Glück des ganzen Lebens! [...]
Jene andere Jugend aber weiß nimmer, daß Erfüllung nie so hoch ist wie Sehnsucht, Wirklichkeit nie so rein wie der Traum! Ihnen allen ist frühzeitig ‚das Kindsein von den Schultern gefallen, dieses sanfte, lichte Kleid'.
Sie haben es sich wild von den Schultern gerissen und stehen nun da: nackt und kühl. Sie haben mit diesem Zaubermantel, der sie umhüllte, das Köstlichste ihres Lebens weggeworfen, das er barg: das traumhafte, liebliche Knospen, Weben und Sehnen zum andern Geschlecht, dieses holdeste Spiel ihrer Seelen [...]. [...]

Die Seele ist tausendmal zarter als ein Blütenkelch, ein hauchdünner Schmetterlingsflügel, der so bitter rasch abgegriffen und um seinen Schimmer gebracht ist. Wohl ist auch ein abgegriffener Schmetterling seiner Form nach ein Schmetterling, aber sein Kostbarstes hat er für immer verloren: die Farben, die Unberührtheit, den Schmelz! [...]
Denn wie der Rhythmus des Jahres nur *einmal* den *Frühling* hat mit all seiner quellenden Frische und seiner unaussprechlichen Lust; wie jeder Blütenkelch nur einmal das Ur-Wunder des Knospenaufsprunges erlebt, bei dem der Strahl der Sonne das Gold seines Lebensherzens zum allererstenmal trifft, ebenso hat

auch eure Seele n u r e i n m a l das *unberührte, ungekannte* Wunder der wahren Liebe zu vergeben! [...]
Das ist der Unterschied zwischen den toten Dingen der Technik und dem heiligen, lebendigen, von Gott gegebenen Leben!
Wer die Reinheit weggegeben hat, der hat sie für sein ganzes Leben verloren. [...]
Im Festsaal seines Lebens, durch den eben noch die vibrierenden Klänge der Traummusik seiner Jugend fluteten, ist es totenstill geworden; die Kerzen sind niedergebrannt, und durch den abweisenden Raum weht der kalte Wind der Wirklichkeit. Und diese Menschen stehen starr, wie gebannt, im kühlen, dunklen Saal, denn der Wein ist verschüttet und ihre Hände sind leer für die hehre Krönungsfeier ihres Lebens. Sie sind wie die törichten Jungfrauen: sie haben kein Öl mehr in den Lampen, wenn ihr Fest naht.

Ein Rufer in der Wüste... Sterneder kannte wie wenige Andere das wirkliche Geheimnis der Keuschheit. Er wusste, dass nur sie das Erleben der Liebe in die allerhöchsten Höhen und Tiefen führen wird – in jene heiligen Höhen und Tiefen, die ein frühes, profanes, schnelles Entdecken, Erleben und Wiederholen der Lust niemals führen wird.
Die heutige Seele sieht die Lust als das Höchste an, als ihr sicheres und normales ‚Recht'. Sterneder aber wusste, dass diese Lust mit jener heiligen Wonne, die ganz eins ist mit der Heiligkeit dieser Sphäre überhaupt, nicht einmal *vergleichbar* ist. Es wäre, wie wenn jemand die Ebene bewundert, ohne die Berge zu kennen; den Marktplatz, ohne vom Heiligtum zu wissen... Den Schmutz, ohne von der Reinheit zu ahnen...

Das *Mädchen* kennt diese Reinheit. Das Mädchen mit dem reinen Herzen würde von sich aus nie ‚vor der Zeit' sein Heiligstes verschenken: seine Unschuld, jetzt in ihrer Bedeutung als leibliche Unschuld.
So wie das unschuldige Mädchen nicht ‚mit jedem ins Bett geht', sondern mit niemandem, so geht es auch mit dem Lieb-

sten nicht ‚ins Bett', sondern bewahrt dieses heilige Wunder der *Vereinigung* auf, bis es mit der Liebe seines Lebens auch *vor Gott* vereint ist – in ewiger Treue.

Das ist die Liebe der Mädchen – eine Liebe von unvorstellbarer Treue und Reinheit...

Wenn ein Mädchen von diesem Urbild abweicht, kann seine Liebe noch immer von anmutiger Hingabe sein. Und doch bleibt eines für immer wahr: Das Heiligtum der Unschuld kann man nur *einmal* für den Einen, Einzigen bewahren. Das Wunder der Liebe kann man nur *einmal* zum allerersten Mal erfahren. Und nur einmal wird es diesen einen, einzigartigen Zauber haben, den ‚das allererste Mal' zu haben vermag, wenn man diesen Moment tief heiligt...

*

Behalten wir all das, was wir bis jetzt erlebt haben, im Herzen und wenden wir uns wieder der Hingabe des Mädchens zu, um noch mehr darin einzutauchen...

Das Erschütternde der hingebungsvollen Liebe des Mädchens liegt auch darin, dass es seine Liebe manchmal sogar aus reiner *Dankbarkeit* verschenken kann:

Das arme Mädchen

> Böt mir einer, was er wollte,
> Weil ich arm und elend bin,
> Nie, und wenn ich sterben sollte,
> Gäb ich meine Ehre hin!
> Schaudernd eilt das Mädchen weiter,
> Ohne Obdach, ohne Brot,
> Das Entsetzen ihr Begleiter,
> Ihre Zuversicht der Tod.

Es klappert in den Laternen
Des Winters eisig Wehn,
Am Himmel ist von den Sternen
Kein einziger zu sehn.

Wie sie nun noch eine Strecke
Weiter irrt, sieht sie von fern
An der nächsten Straßenecke
Einen ernsten, jungen Herrn.
Ihm zu Füßen auf die Steine
Bricht sie ohne einen Laut,
Hält umklammert seine Beine,
Und der Herr verwundert schaut:

‚Wenn dich die Menschen verlassen,
Komm auf mein Zimmer mit mir;
Jetzt tobt in allen Gassen
Nur wilde Begier.'

Und sie folgte seinen Schritten,
Hielt sich schüchtern hinter ihm;
Jener hat es auch gelitten,
Wurde weiter nicht intim.
Angelangt auf seinem Zimmer
Zündet er die Lampe an,
Bei des Lichtes mildem Schimmer
Bald sich ein Gespräch entspann:

‚Es boten mir wohl viele
Ein Obdach für die Nacht,
Doch hatten sie zum Ziele,
Was mich erschaudern macht.'

‚Ferne sei mir das Verlangen',
Sprach der ernste, junge Mann,
‚Dir zu färben deine Wangen,
Wenn ich's nicht durch Güte kann.'
Bat sie, länger nicht zu weinen,
Holte Wurst und kochte Tee,
Und am Morgen zog er einen
Taler aus dem Portemonnaie.

Sie hat ihn bescheiden genommen
Und fand, eh der Tag vorbei,
Als Plätterin Unterkommen
In einer Wäscherei.

Aber ach, die Tage gingen
Und die Nächte freudlos hin,
Bluteswallungen umfingen
Ihren frommen Kindersinn.
Immer mußt sie sein gedenken,
Der so freundlich zu ihr war,
Immer mußt den Kopf sie senken
In der muntern Mädchenschar.

Und eines Abends um neune
Hielt sie's nicht aus,
Lief ganz alleine
Nach seinem Haus.

Er war noch nicht heimgekommen,
Sie verkroch sich unters Bett,
Bis sie seinen Schritt vernommen,
Wo sie gern gejubelt hätt.
Doch sie hielt sich still da unten,
Bis er sich zu Bett gelegt
Und den süßen Schlaf gefunden,
Dann erst hat sie sich geregt.

Leise wie eine Elfe
Schlupft sie zu ihm hinein:
‚Daß Gott mir helfe –
Ich bin dein!'

Doch da hat er sich erhoben,
Wußte erst nicht, was geschah,
Hat die Kissen vorgeschoben,
Als das Kind er nackend sah:
‚Nein, jetzt will ich dich nicht haben;
Wohl dir, daß du mir vertraut!
Aber spare deine Gaben,
Denn schon morgen bist du Braut!'

Er führte binnen acht Tagen
Sie wirklich zum Altar.
Es läßt sich gar nicht sagen,
Wie glücklich sie war.

Frank Wedekind (1864-1918)

Wie alt das Mädchen ist, wissen wir nicht. Doch es ist für den Dichter noch ein ‚Kind', vielleicht ist es erst fünfzehn, sechzehn Jahre alt – jünger sicher nicht, denn ein wirkliches *Kind* hätte man damals nicht verführen wollen, und auch das Mädchen hätte dann noch nicht die Empfindungen gehabt, die es nun hatte. Und doch ist seine Seele noch so rein wie die eines Kindes – scheu, zutraulich, fromm, dankbar...
Und dann kann das unschuldige Mädchenherz jenen einen Mann, der ihr so gütig und mit reinem Herzen geholfen hat, nicht mehr vergessen. ‚Immer mußt sie sein gedenken ... immer mußt den Kopf sie senken...' Warum muss sie den Kopf senken? Aus scheuer Liebe – und weil sie vielleicht sogar leise erröten musste, wann immer sie mit dieser Liebe an ihren Helfer dachte...

*

Zu der Liebe der Mädchen gehört auch ihr Verzeihen.

In meinen Romanen sind die Mädchen nicht unbedingt so unschuldig wie die Mädchen, die in den Dichtungen der in diesem Buch aufgenommenen Gedichte leben. Und doch verbindet sie alle das Geheimnis der *Sanftheit* der Mädchen. Diese gibt der Liebe der Mädchen immer ihren einzigartigen Zauber. Und mit dieser Sanftheit verzeihen die Mädchen auch, es ist ein Teil des Geheimnisses ihres Herzens.
In dem Roman ‚Wunder eines Sommers' ist der sechzehnjährige Tom ein typischer ‚cooler' Junge, der zum Beispiel gern ohne Weiteres seine Freundin Lea ‚begrapschen' würde.

Er möchte mit ihr eben ‚rummachen', wo auch immer, auch in der Öffentlichkeit – er findet das normal. Darüber kommt es mit dem Mädchen aber zum Streit, sie empfindet Tom als ‚gierig' und sein Verhalten als nicht zärtlich genug.
Tom ist aber mittlerweile durch für ihn nicht unbedingt angenehme Umstände einem alten Holzschnitzer begegnet, und diesem ist es gelungen, Zugang zu Tom zu finden und sein Vertrauen zu gewinnen. Tom erzählt ihm also von dem Streit, und es entfaltet sich ein langes Gespräch zwischen den beiden. An dessen Ende ist Tom völlig verwandelt, er hat tief etwas begriffen. Und nun läuft er auf schnellstem Wege zurück zu Lea...

Er klingelte Sturm.
Ihre Mutter öffnete.
‚Hallo, Thomas. Du warst doch vorhin erst da? Ich glaube, Lea hat jetzt sehr schlechte Laune. Was war denn?'
‚Das kann ich jetzt nicht erklären. Darf ich zu ihr?'
‚Von mir aus natürlich – aber ob sie es will, kann ich dir nicht sagen.'
‚Ja, ist klar – vielen Dank.'
Und schon war er durch den Flur hindurch und stand vor ihrer Tür. Er klopfte.
‚Ja?'
Es klang genervt – oder ärgerlich.
‚Lea, ich bin's, darf ich reinkommen?'
Normalerweise hätte er das niemals gefragt, aber der Streit war nun einmal auch nicht normal gewesen...
‚Was willst du?'
Er ging hinein und schloss die Tür wieder.
‚Lea, ich...'
Sie lag auf dem Bett auf dem Bauch und las ein Buch. Sie schaute nicht auf. Seine Sehnsucht war so groß...
‚Lea, ich ... kannst du mich bitte anschauen, *bitte!*'
Sie drehte sich um. Noch immer deutliche Abwehr in ihrem Gesicht.

‚Bitte entschuldige, Lea! Es tut mir wirklich leid. Sehr, sehr leid...'
‚Echt jetzt?'
‚Ja. Ich ... ich liebe dich, Lea. Ich wusste nicht, dass ich mich trauen würde, dir das wirklich zu sagen. Und ich wusste auch bis jetzt nicht wirklich, was Liebe *ist*. Es ist auf einmal alles so anders... Lea, bitte verzeih mir...'
‚Was ist denn los, Tom? Wie kommt das...?'
Sie setzte sich auf.
‚Ich werde es dir irgendwann schon erklären, Lea. Jetzt bitte ich dich nur, dass du mir verzeihst. Willst du...?'
Verwundert sagte sie:
„Ja – ja, natürlich. Aber, was ist, Tom...?'
Jetzt fühlte er wirklich Tränen in seine Augen steigen. Er schämte sich nicht...
‚Ich ... ich bin nur so glücklich. Darüber, dass ich dich liebe – und dass ich dich lieben darf...'
‚Tom...', sagte sie besorgt.
Er ließ seine Tränen still fließen und kniete sich vor ihrem Bett hin.
Sie kam an den Rand, und er barg seinen Kopf auf ihren Beinen...
Dann fühlte er zögernd ihre Hand in seinem Haar. Langsam streichelte sie durch sein Haar, es tat so gut...
‚Tom... Du brauchst doch nicht weinen...'
‚Doch, Lea, es ist so schön...'

Als er schließlich seinen Kopf wieder hob, sah er auch ihre Augen glänzen...
Zögernd breitete er seine Arme aus, und als er sah, dass sie seine Geste erwidern wollte, umarmte er sie heftig. Oh, wie gern würde er sie nie wieder loslassen! Lea...
Schließlich spürte er, dass sie sich wieder lösen wollte, und ließ sie frei. Oh, wie schön war es, sie wirklich zu spüren. Es war alles das erste Mal...
Sie schaute ihn an. Was für wunderbare Augen sie hatte!
‚Tom, was ist mit dir geschehen? Wie kommt das alles...?', fragte sie verwundert.

‚Kann ich – kann ich mir die Nase putzen?'
‚Ja, hier...'
Sie zog die Schublade ihres Nachttischchens auf und reichte ihm eine Packung Taschentücher.
‚Danke...'
‚Steh doch bitte auf, Tom – bitte komm doch auf mein Bett...'

Er setzte sich im Schneidersitz neben sie. Er hatte dies schon so oft gemacht, und doch saß er nun zum ersten Mal neben ihr, alles war neu...

‚Ich habe einen alten Mann kennengelernt. Vor einigen Tagen... Aber wirklich eigentlich erst gestern. Er hat mir so vieles gesagt. Und heute, eben, war ich wieder bei ihm. Und er hat mir wieder so vieles gesagt. Ich habe mehr gelernt und verstanden, als ich es sonst je hätte lernen können ... glaube ich. Du siehst es ja...'
‚Was – du hast mit einem alten Mann über *vorhin* gesprochen!?', fragte sie entsetzt.
‚Lea, bitte – es ist nicht, wie du denkst! Dieser Mann ... er ist ein alter Holzschnitzer, der oben, am Weg zum Wasserfall, in einer Hütte wohnt. Er ist vollkommen anders als andere Menschen. Er hat für alles Verständnis, er urteilt nicht, er denkt nicht ... etwas Schlechtes. Man kann ihm alles sagen, und es ist alles *gut*, verstehst du? Ich konnte mit ihm sprechen, und durch ihn habe ich ... meine Schuld eingesehen...'
‚Na ja, ich – war ja auch nicht sehr nett...'
‚Doch, Lea, du hast keine Schuld. Ich habe dir Unrecht getan. Ich habe eigentlich überhaupt keine Rücksicht auf dich genommen... Ich meine, ich *wollte* nicht ‚gierig' sein und so – aber ich war es dennoch, du hast es so gefühlt...'
‚Tom... Bitte mach dir nicht so viel Vorwürfe. Es ist doch jetzt alles gut. Oder nicht...?'
Er sah sie an.
‚Ja – wenn du das findest... Danke, Lea...'
Sie nahm seine rechte Hand und – legte sie sanft auf ihre linke Brust.

Ihre Geste erschütterte ihn zutiefst, und er wagte es nicht, seine Hand auch nur einen Hauch zu bewegen. Er spürte ihre zarte Haut, ihre Wärme, diese wunderschöne Rundung unter ihrer Bluse – und kannte auf einmal das Gefühl des ... Heiligen. Vorsichtig zog er seine Hand zurück und umarmte sie von neuem.
‚Lea...'
‚Ich liebe dich auch, Tom...'

Ein Junge kann leicht lange Zeit ‚eingeschnappt' sein und den Unnahbaren spielen, seine Verletzung auch wirklich lange mit sich herumtragen – ein Mädchen mit einem sanften Herzen kann dies *nicht*. Es muss verzeihen, sobald sein Herz gerührt wird – und es wird schnell gerührt... Die Sanftheit ist das Geheimnis der Mädchen.
Nicht von jenen Mädchen spreche ich, die einen Jungen bestrafen und möglichst lange zappeln lassen wollen – ich spreche von den Mädchen mit einem reinen Herzen, die nichts anderes wollen, als aufrichtig geachtet und zärtlich behandelt zu werden. Diese Mädchen verzeihen in dem ersten Moment, in dem ihnen dies möglich ist. Immer...

Ein anderes Zeugnis dieses wunderbaren Verzeihens gibt das folgende Gedicht:

An einen Unbekannten
Bey einer Serenade in meiner Gasse

Wer du auch seyst, der itzt durch Schmeicheltöne
In stiller Nacht sein schlummernd Mädchen grüsst:
Du siehst sie nicht, die heiss geweinte Thräne,
Die, ungesehen, mir vom Auge fliesst.

Wer weiss, ob dir von deines Mädchens Wangen
Ein gleicher Beyfall strömt? – O glücklich, fühlt
Die Arme nicht ihr redlich Herz von bangen
Empfindungen verkannter Treu durchwühlt!

Denn jedes deiner Instrumente schallet
Nur Liebe zu des Mädchens Ohren hin,
Und von der Lippe des Geliebten hallet
Ihr nie der schnöde Nahme – Heuchlerinn!

Mir tönt er nur – so laut! – dass er das Schöne
Von deinen Symphonien übertäubt;
Und mir vielleicht, auch wenn ich mich versöhne,
Auch dann noch ewig unvergesslich bleibt.

Doch dank' ich dir, und deinen Saitenspielen,
Dass nun besänftigter das Herz mir schlägt,
Und, wenn auch rasch, mit zärtlichen Gefühlen,
Gleich deinen Harmonien, sich verträgt.

Denn käm' er itzt, - Er, der mich heut beleidigt,
Mit halber Reue nur, von ohngefähr:
Ich glaub', ich küsst' ihn, eh' er sich vertheidigt,
Und eh' ihm noch von mir vergeben wär'.

Gabriele von Baumberg (1768-1839)

Das weibliche Ich spricht von einem anderen Mädchen als ‚Mädchen', es ist auf jeden Fall älter und reifer als dieses. Es könnte auch bereits ganz Frau sein. Dennoch können wir es uns auch noch immer als Mädchen vorstellen. Wäre es schon eine Frau, so hätte es sich unendlich viel von dem bewahrt, was dem Mädchen so eigen ist... Ist es noch Mädchen, so hat es schon eine Bewusstheit, die seiner Unschuld dennoch nirgendwo widerspricht.

In stiller Nacht hört sie einen Jüngling vor dem Fenster seines Mädchens singen – und fühlt tief ihr eigenes Leid. Was dieses Leid ist, erfahren wir erst im Verlauf der zweiten und dritten Strophe: ihr eigener Geliebter hat ihre Treue verkannt, sein eigener Mund nannte sie ‚Heuchlerin'. Was dies für ein treues Mädchenherz bedeuten muss, können wir nur erfühlen, wenn wir ganz in diese reine Treue eintauchen können. Es ist

der allergrößte Schmerz. Viel größer als ein äußerliches Getrenntsein von dem Geliebten, ja vielleicht sogar größer als eine wirkliche Trennung ist dieser Schmerz: ein völliges Verkanntwerden in seinen wahrsten und heiligsten Empfindungen...
Wir können nur vermuten, wie es dazu kommen konnte. Mag der Geliebte auf irgendein böses Gerücht gehört haben, mag er selbst eine unschuldige Situation falsch gedeutet haben, er hat das Mädchen ‚Heuchlerin' genannt – ein Schmerz, der dem Mädchen ewig unvergesslich bleiben wird.
Das Liebeslied des Jünglings auf der Straße lässt sie nun von neuem weinen – heiße Tränen um die erlittene Schmach und die damit verbundene Trennung von ihrem Geliebten. Sie weiß, dass sie damit dieselben heiligen Gefühle hat, die in dem Lied des Jünglings leben – heiliger können auch die Empfindungen des vielleicht sogar schlafenden Mädchens im Nachbarhaus nicht sein. Und doch wünscht sie diesem innig, dass es niemals denselben Schmerz verkannter Treue erleben muss. Ihrem eigenen Herzen aber übertönt dieser Schmerz sogar die Schönheit des Liebesliedes.

Und doch erweckt dieses Lied der Liebe auf geheimnisvolle Weise wieder die Sanftheit ihres eigenen Herzens, jene Sanftheit, die nur den Mädchen und Frauen eigen ist. Das Herz des Mädchens ist so rein, dass es sogar den Dank gegenüber dem Sänger nicht vergisst... Hat sein Lied es doch vermocht, dass nun auch ihr Herz wieder sanfter schlägt, wieder jene zärtlichen Gefühle haben kann, die so sehr seinem Wesen entsprechen.
Und nun kommt jene letzte Strophe, die den ganzen Glanz des Mädchenherzens zeigt... Denn käme er jetzt, der Geliebte, der ihr heute diesen tiefsten Schmerz zugefügt hat, und hätte er nur halbe Reue, nur so wie nebenbei – sie wäre bereits nicht mehr Herrin ihrer Gefühle ... und würde ihn küssen, bevor sie ihm überhaupt vergeben könnte...

Anders als mit diesem Paradox kann man nicht ausdrücken, was eigentlich die Vergebung des Mädchens ist. Es ist eine Vergebung, die sich gleichsam selbst vorauseilt. Das Herz ist schneller, als es selbst für möglich hielte. In dem Kuss *liegt* bereits die ganze Vergebung, es ist eine *Vergebung aus ganzem Herzen*.

Das ist die Liebe der Mädchen...

*

Die Schönheit der Mädchenseele liegt in ihrer Sanftheit. Aber in dieser Sanftheit liegt das Mysterium des *Guten*. Das, was die Menschenseele zu einem Heiligtum macht, die *Liebe zum Guten*, lebt in dem reinen Herzen eines Mädchens.
Hier stehen wir wirklich vor dem Mysterium des Mädchens und seines Herzens. Im Herzen eines Mädchens kann die Liebe zum Guten reiner und tiefer leben als in jedem anderen Herzen. Denn das Mädchenherz ist voller Hingabe. Aber die Liebe *verwandelt* es auch in reine Hingabe.
Welches Wunder war zuerst da? Die Liebe – oder die Hingabe? Aber was, wenn beides gar nicht zu trennen ist? Liebe *ist* ja Hingabe! Und Hingabe ist Liebe...
Das Mädchenherz ist so sanft und zart, dass es zur Hingabe geschaffen ist. Aber diese Hingabe, die sein Wesen ist, ist es gerade, die sich auch widerstandslos ganz mit der Liebe zum Guten durchdringen kann. Und wenn wir sagen können, dass diese Liebe zum Guten der Urzustand der Seele überhaupt ist, so können wir sagen, dass die Hingabe des Mädchenherzens dieses in die Lage versetzt, eine innige Einheit mit diesem Urzustand zu bewahren...
Wo die Seele der *Liebe* Wohnung gibt, da wird sie in den Urzustand der Unschuld versetzt – und die Hingabe des Mädchenherzens ist das weite Tor, durch das die Liebe in seinem Herzen Wohnung nehmen kann. Es ist dieselbe Liebe, die das

Mädchen nie ganz verlassen hat, denn auch seine Hingabe ist aus der Substanz der Liebe gewoben.

Das Mädchenherz ist nie aus dem Paradies ausgestoßen worden. *Jede* Seele kehrt in jedem Leben wieder aus einem Paradies zurück auf die Erde. Die Mädchenseele bleibt mit diesem Paradies verbunden, sie ist noch immer darinnen, wenn andere Seelen längst schon das Paradies verlassen mussten.

*

Zu der Liebe des Mädchens gehört auch die *Freude*. Keine Freude ist so hell und rein wie die der Mädchen. Auch das sind Urbilder: Wie die Mädchen früher singend durch das Feld liefen... Wie sie am Brunnenrand saßen und selbstvergessen eine liebliche Melodie summten... Wie ein Mädchen in tiefer Freude sich jubelnd um sich selbst dreht, mit wehendem Kleid... Wie es selbstvergessen demjenigen um den Hals fällt, dem es vor Freude nicht anders zu danken weiß...
Auch die Freude der Mädchen am Tanz, der so ganz der Ausdruck von Freude und Feier ist. Die Tänze der Mädchen unter sich. Mädchen brauchen keine Jungen, um anmutig zu tanzen. Wenn sie aber einen Jungen haben, dann *schweben* sie... Lieder und Tänze – das Element der in der Freude lebenden Seele...

Warum aber ist in den Herzen der Mädchen so viel Freude? Weil in ihnen so viel Liebe ist. Und so viel Hingabe. Die Liebe zur Welt und die Hingabe an die Schönheit der Welt wird zur Freude...

Das Mädchen kann sich an allem freuen – und es kann sich *mit* allem freuen. Es kann am Abend die Schwalben zwischen Himmel und Erde hin und her fliegen sehen und sich tief mit

diesen Geschöpfen Gottes *freuen*. Seine Seele ist überhaupt nicht getrennt von dem, woran es innig Anteil nimmt.
Seine eigene Empfindsamkeit beseelt auch alles andere. Die Blumen auf dem Feld, die es singend zu einem Strauß sammelt, aus reiner Freude an ihrer Schönheit... Das Häslein, dem es gut zuredet, während es das arme Tier aus einer misslichen Lage befreit.
Aber nun sind wir unvermittelt von der Freude in das Mitleid hineingekommen. Aber so beweglich ist die Seele des Mädchens. In tiefem Mitleid kniet es sich zu dem zitternden Häslein nieder, befreit es – und wie tief freudig wird auch seine eigene Seele sogleich wieder, wenn es das dankbare Tier davonhoppeln sieht...

Die Seele des Mädchens ist ein Heiligtum tiefster, lebendigster Empfindsamkeit. Diese heilige Innenwelt des Mädchens ist so rein, dass sie das Äußere nicht ausschließt, sondern tiefen Anteil daran nimmt – ob in Freude oder in Leid. Es nimmt die Welt in sich auf, und seine Seele antwortet darauf... Und diese heilige Innenwelt ist so rein, dass sie die Außenwelt nicht dem eigenen Genuss dienen lässt. Es gibt den selbstbezogenen Genuss des modernen Menschen – und es gibt die reine, heilige Freude des Mädchens... Diese Freude will nichts für sich selbst, und doch kann sie sich an allem freuen, mit allem freuen, tut dies unmittelbar, in heiliger Selbstlosigkeit...
Diese reine Welt, die Innenwelt der Mädchenseele, ist nicht durchdrungen von kleinlicher, hässlich machender Genusssucht, auch nicht von einem Sich-Abschließen in engen Empfindungen gegenüber der Außenwelt, sondern in ihr leben die *heiligen* Empfindungen der Menschenseele – die wie aus dem Mädchenherzen selbst geboren scheinen: Sanftheit, Hingabe, Liebe, Freude...

*

Dieses liebende Licht in der Seele eines Mädchens hat einen Ursprung, es muss einen haben... Und das Mädchen lebt in inniger Verbindung mit diesem Ursprung, auch wenn es dies nicht weiß. Und das Licht selbst wird das Mädchen führen, wenn es nur unschuldig genug bleibt.

Eine sehr berührende Geschichte von Hans Christian Andersen erzählt von diesem innigen Geheimnis zwischen der Mädchenseele und ... einem höheren Wesen, dem diese Seele ihre ganze Unschuld verdankt. Das wird so nicht gesagt. Aber wenn man das ganze Wesen der Mädchenseele empfindet, kann man es *fühlen*. Es ist ein offenbares Geheimnis, verhüllt für den, der empfindungslos bleibt, offenbar für den, der seine Seele selbst so sanft machen kann wie die der Mädchen...

Das Judenmädchen

Unter den anderen Kindern in der Armenschule war auch ein kleines Judenmädchen, aufgeweckt und gut, die flinkeste unter allen; aber an einer der Lehrstunden konnte sie nicht teilnehmen, das war die Religionsstunde, sie war ja in einer christlichen Schule.
Sie durfte ihr Geografiebuch vor sich haben und darin lesen oder ihre Rechenaufgaben fertig machen, aber das war bald getan. Es lag wohl ein Buch aufgeschlagen vor ihr, aber sie las nicht darin, sie saß und hörte zu, und bald bemerkte der Lehrer, daß sie seinen Worten folgte, wie fast keines der anderen Kinder.
‚Lies in Deinem Buche!' sagte er mild und ernst, aber sie sah ihn mit ihren strahlenden schwarzen Augen an, und als er sie auch fragte, wußte sie besser Bescheid als die andern alle. Sie hatte gehört, verstanden und wohl behalten. [...]
Der Lehrer ging zu dem Vater und sagte ihm, er müsse entweder sein Kind aus der Schule nehmen oder sie Christin werden lassen. ‚Ich kann es nicht ertragen, diese brennenden Augen, diese Innigkeit und diesen seelischen Durst nach den Worten des Evangeliums' sagte der Lehrer.

Der Vater brach in Tränen aus: ‚Ich selbst weiß nur wenig von unserer eigenen Religion, aber ihre Mutter war eine Tochter Israels, fest und stark in ihrem Glauben, und ihr gab ich auf ihrem Sterbebette das Versprechen, daß unser Kind niemals christlich getauft werden solle; ich muß mein Versprechen halten, es ist für mich dasselbe, wie ein Pakt mit Gott.'
Und das kleine Judenmädchen wurde aus der christlichen Schule genommen.

Jahre waren vergangen. In einem der kleinsten Marktflecken Jütlands diente in einem geringen bürgerlichen Hause ein armes Mädchen mosaischen Glaubens; es war Sara. Ihr Haar war schwarz wie Ebenholz, ihre Augen dunkel und doch voller Licht und Glanz, wie es den Töchtern des Orients eigen ist. Der Ausdruck des nun völlig erwachsenen Mädchens war noch der gleiche wie bei dem Kinde, da sie auf der Schulbank saß und mit gedankenvollem Blick zuhörte.
Jeden Sonntag tönte aus der Kirche Orgelklang und der Gesang der Gemeinde; es klang über die Straße bis in das gegenüberliegende Haus hinein, wo das Judenmädchen bei seiner Arbeit stand, treu und fleißig in ihrem Beruf. ‚Gedenke des Sabbaths und halte ihn heilig' war ihr Gesetz, aber ihr Sabbath war den Christen ein Arbeitstag, und sie konnte ihn nur in ihrem Herzen heilig halten, doch das schien ihr nicht genug. Aber was sind Tag und Stunde vor Gott. Dieser Gedanke war in ihrer Seele erwacht, und am Sonntag der Christen wurde nun ihre Andachtsstunde ungestörter. Drang der Orgelklang und der fromme Gesang der Gemeinde zu ihr in die Küche hinüber, so wurde selbst dieser Ort still und geheiligt. Das alte Testament, ihres Volkes Schatz und Eigentum, las sie dann, und nur dies, denn was ihr Vater und der Lehrer zu ihr sprachen, als sie von der Schule genommen wurde, das Versprechen, das der Vater ihrer sterbenden Mutter gegeben hatte, daß Sara nie Christin werden und den Glauben der Väter verleugnen sollte, hatte einen tiefen Eindruck in ihrer Seele hinterlassen. Das Neue Testament war ihr ein verschlossenes Buch und sollte es bleiben, und doch wußte sie so viel noch daraus, leuchtend stand es in den Erinnerungen ihrer Kindheit.

Eines Abends saß sie in einer Ecke der Stube und hörte den Hausherrn laut vorlesen, und sie durfte ihm lauschen, war es doch nicht das Evangelium, nein, aus einem alten Geschichtenbuche wurde vorgelesen; sie durfte getrost zuhören. Es handelte sich von einem ungarischen Ritter, der von einem türkischen Pascha gefangen worden war und der ihn mit den Ochsen zusammen vor einen Pflug spannen, ihn mit Peitschenschlägen antreiben und endlich verhöhnen und Hunger und Durst leiden ließ.

Des Ritters Gemahlin verkaufte all ihren Schmuck, verpfändete Burg und Land, seine Freunde schossen große Summen zusammen, denn fast unerschwinglich war das Lösegeld, das verlangt wurde. Aber es wurde zuwege gebracht und er wurde aus Schmach und Sklaverei erlöst. Krank und leidend kam er in seine Heimat zurück. Aber bald ertönte wieder der Ruf an Alle gegen die Feinde des Christentums. Der Kranke hörte davon und fand nicht Rast noch Ruhe, er ließ sich auf sein Streitroß heben, Blut durchströmte seine Wangen wieder, die Kräfte schienen zurückzukehren und er zog aus zum Siege. Just der Pascha, der ihn hatte vor den Pflug spannen, ihn verhöhnen und leiden lassen, wurde jetzt sein Gefangener und wurde von ihm in sein Burgverließ geführt. Aber schon nach der ersten Stunde kam der Ritter und fragte seinen Gefangenen: ‚Was glaubst Du wohl, was Deiner wartet?'

‚Ich weiß es' antwortete der Türke, ‚Vergeltung'.

‚Ja die Vergeltung des Christen!' sagte der Ritter. ‚Das Christentum gebietet uns, unseren Feinden zu vergeben, unsere Nächsten zu lieben. Gott ist die Liebe. Ziehe in Frieden nach Deiner Heimat zu Deinen Lieben, und werde milde und gut gegen die, welche leiden!'

Da brach der Gefangene in Tränen aus. ‚Wie hätte ich glauben können, daß solches möglich sei! Peinigungen und Martern schienen mir gewiß und ich nahm ein Gift, das mich in wenigen Stunden töten wird. Ich muß sterben, es gibt keine Hülfe. Aber bevor ich sterbe, verkünde mir die Lehre, die eine solche Liebe und Gnade in sich schließt, sie ist groß und göttlich! Laß mich in dieser Lehre sterben, als ein Christ sterben.' Und seine Bitte wurde erfüllt.

Das war die Geschichte, die Legende, die vorgelesen wurde; alle hörten und folgten ihr mit Eifer. Doch am brennendsten, am lebendigsten davon erfüllt war die, welche stumm in der Ecke saß, das Dienstmädchen Sara, das Judenmädchen. Große schwere Tränen standen in ihren leuchtenden, kohlschwarzen Augen. Sie saß dort mit dem gleichen Kindersinn, mit dem sie einst auf der Schulbank gesessen und die Größe des Evangeliums in sich aufgenommen hatte. Tränen rollten über ihre Wangen.

‚Laß mein Kind keine Christin werden!' waren der Mutter letzte Worte auf dem Sterbebette. Diese Worte klangen in ihrem Herzen und in ihrer Seele wieder, zugleich mit den Worten des Gesetzes: ‚Ehre Deinen Vater und Deine Mutter.'

‚Ich bin ja keine Christin Sie nennen mich das Judenmädchen. Des Nachbars Knaben riefen es mir am letzten Sonntag im Spott zu, als ich vor der offenen Kirchentür stehen blieb und hinein sah, wie die Altarlichter brannten und die Gemeinde sang. Von der Schulzeit bis auf diesen Tag liegt für mich eine Macht im Christentum, die wie Sonnenschein, ob ich auch meine Augen schließe, in mein Herz dringt. [...].' [...]

Hans Christian Andersen (1805-1875)

Das Ende der Geschichte brauchen wir hier nicht zu hören. Es geht um das, was man bis zu dieser Stelle an Empfindungen des Mädchens mitfühlen kann. Andersen hat mit dieser Geschichte eine alte ungarische Volkssage nacherzählt. Es ist gar nicht wesentlich, was wir selbst für eine Beziehung zum Religiösen überhaupt haben; viel wesentlicher ist es, mit dem *Mädchen* mitfühlen zu können – sich empfindungsvoll vertiefen zu können in die Gefühle dieses Mädchens.

Es ist, wie wenn seine dunklen Augen sein Gemüt widerspiegeln. Dieses ist nicht leicht, besitzt keine leichte Anmut, aber das, was es aufnimmt, nimmt es gleichsam weltentief auf, wie ein Meer mit nicht auszulotendem Grund... Das Judenmädchen Sara hat eine innig tiefe Seele, sanft und still und

geheimnisvoll wie die Nacht. Und in dieser samtenen Nacht leuchtet längst ein Stern, der sie führt...
Man kann die Innigkeit dieser Erzählung kaum in Worte fassen. Das Wesen der Seele dieses Mädchens wird nur mit wenigen Worten angedeutet, und doch liegt darin so unsagbar viel. Die zarte, rätselhafte Sehnsucht seines tief empfindenden Herzens ist fast wie mit Händen zu greifen...

Und so lebt die Seele der Mädchen zwischen Freude und Tiefe, auch die Freude *entspringt* aus einer Tiefe, die man sich nicht groß genug vorstellen kann. Es mutet beim Mädchen alles so leicht, so natürlich, so sanft an. Aber das Geheimnis der Sanftmut liegt gerade in einer unnennbaren *Tiefe*...
Und dieses Geheimnis, dieses tiefste Geheimnis der Mädchenseele, kann man nicht erfassen, nicht mit unheiligen Gedanken oder Empfindungen begreifen. Es ist wie das verschleierte Geheimnis der Isis. Kein Sterblicher hat es je gesehen. Das tiefste Geheimnis der Mädchenseele würde sich nur dem offenbaren, der seine eigene Seele für Momente ganz in den Bereich der *Un*sterblichkeit, der vollkommenen Unschuld erheben könnte...

*

Aber mit diesem Geheimnis hängt es zusammen, dass das Wesen des Mädchens so oft *erlösend* wirken kann.

In Andersens Märchen ‚Die wilden Schwäne' erlöst die Schwester ihre elf Brüder, indem sie mit bloßen Händen und Füßen aus Brennnesseln Flachs gewinnt, um daraus dann Hemden zu flechten. Liebe wird zu tiefem Opferwillen... ‚Es war einem brennenden Feuer gleich ... aber gern wollte sie es leiden, konnte sie nur die lieben Brüder befreien.'

Eindrücklich wird zuvor die *Unschuld* des Mädchens geschildert, aus der heraus dieses ungeheure Opfer nur möglich ist.

Strich der Wind durch die großen Rosenhecken draußen vor dem Haus, so flüsterte er den Rosen zu: ‚Wer kann schöner sein als Ihr?' Aber die Rosen schüttelten das Haupt und sangen: ‚Elisa ist es!' Und saß die alte Frau am Sonntag vor der Tür und las in ihrem Gesangbuch so wendete der Wind die Blätter um und sagte zum Buch: ‚Wer kann frömmer sein als du?' – ‚Elisa ist es!' sagte das Gesangbuch. Und es war die reine Wahrheit, was die Rosen und das Gesangbuch sagten.
Als sie fünfzehn Jahre alt war, sollte sie nach Hause. Und als die Königin sah, wie schön sie war, wurde sie ihr gram und voll Haß. Gern hätte sie sie in einen wilden Schwan verwandelt wie die Brüder, aber das wagte sie nicht gleich, weil ja der König seine Tochter sehen wollte.
Frühmorgens ging die Königin in das Bad, welches von Marmor erbaut und mit weichen Kissen und den prächtigsten Decken geschmückt war. Und sie nahm drei Kröten, küßte sie und sagte zu der einen: ‚Setze dich auf Elisas Kopf, wenn sie in das Bad kommt, damit sie dumm wird wie du!' ‚Setze dich auf ihre Stirn, damit sie häßlich wird wie du, so daß ihr Vater sie nicht kennt!' ‚Ruhe an ihrem Herzen', flüsterte sie der dritten zu, ‚laß sie einen bösen Sinn erhalten, damit sie Schmerzen davon hat!' Dann setzte sie die Kröten in das klare Wasser, welches sogleich eine grüne Farbe erhielt, rief Elisa, zog sie aus und ließ sie in das Wasser hinabsteigen. Und indem Elisa untertauchte, setzte sich die eine Kröte ihr in das Haar, die andere auf ihre Stirn und die dritte auf die Brust. Aber sie schien es gar nicht zu merken. Sobald sie sich emporrichtete, schwammen drei rote Mohnblumen auf dem Wasser. Wären die Tiere nicht giftig gewesen und von der Hexe geküßt worden, so wären sie in rote Rosen verwandelt. Aber Blumen wurden sie doch, weil sie auf ihrem Haupt und an ihrem Herzen geruht hatten.

Das Herz und die Seele eines Mädchens kann so rein sein, dass *nichts* ihm seine Unschuld nehmen kann, dass vielmehr alles von seiner Unschuld *verwandelt* wird...

Aber woher kommt die Schuld? Woher kommt das, was Erlösung braucht, ja, was sich nach Erlösung sehnt? Wir brauchen darauf jetzt keine umfassende Antwort suchen, es reicht, die *Frage* zu empfinden. Auch diese kann uns dem Wesen des Mädchens und dem Geheimnis, das es umgibt, noch näher führen. Im Empfinden liegt ein immer tieferes Erkennen...

Diesen Weg muss Rilke gegangen sein, der einmal in einem Brief schrieb: ‚Vielleicht ist alles Schreckliche im tiefsten Grunde das Hilflose, das von uns Hilfe will.'
Solche Worte können, fern davon, fertige Antworten geben zu wollen, die Fragestimmung und das eigene Empfinden weiter vertiefen... Ist das Schreckliche vielleicht immer und überall ein *Mangel* an Liebe? Ein im tiefsten Grunde *leidender* Mangel an Liebe?
Mit dieser tiefen Frage im Hintergrund können wir in das folgende Märchen eintauchen, das sich auch in meinem Buch ‚Die tiefste Sehnsucht' findet...

Der Drache und das Mädchen

Der Drache hatte unzählige Jahre kommen und gehen sehen. Er wusste, dass er von allen verhasst und gefürchtet war. Er war in seiner Gestalt gefangen und hatte fast schon vergessen, dass er anders war als seine Gestalt. Nie zeigte er sich den Menschen. Wenn sie ihn dennoch entdeckten, jagten sie ihn – und er verwüstete ihre Hütten und zog sich weiter zurück. So lebte er tief in den Wäldern, an einem einsamen See, einsam sein Herz. Drachenblut erstorbener Hoffnung floss unter hässlichen Schuppen.

Nach hunderten von Jahren sah er ein Mädchen, das allein zu Pferde an den See gekommen war. Weit hatte sie sich von jeder menschlichen Ansiedlung entfernt. Beim ersten Blick wusste der Drache: Dies war die Prinzessin des Reiches. Und beim ersten Blick erzitterte innerlich sein ganzes, mächtiges Wesen. Unwillig schüttelte er seinen Körper, sich abzuwenden, bis er wieder allein sei – doch es war eine ohnmächtige Gebärde, jahr-

hundertealter Unwille, der nicht ihr galt, dem Wesen, das er sah. Einsamkeit schmolz dahin – und Einsamkeit wuchs tausendfach. Nicht abwenden konnte er den Blick. Tief trank er jede Gebärde des wunderbaren Wesens dort am See – und jede Bewegung des Mädchens war wie eine Erlösung. Wärme durchrann seinen riesigen Leib – Wärme, die er niemals gekannt oder schon ewig vergessen. Und der große Drache erschauerte... Still staunend ruhten seine großen, klaren Augen auf der wunderbaren Gestalt. Sie schien ihm umgeben von Licht – wärmer als die Sonne, milder als der erste Schnee...
Als das Mädchen für Augenblicke durch einen Fels verborgen war, erwachte der Drache zu sich selber. Eine Träne rann aus seinen großen Augen, und unendlich leise wandte er sich ab, weil er den Anblick nicht mehr ertrug.

Doch nach wenigen Wochen erschien die Prinzessin wieder am See. Der Drache hatte versucht, sie zu vergessen – und doch in jeder Sekunde nur ihr Bild in sich getragen. Nie hatte er geglaubt, dass sie zurückkehren würde, und mit aller Macht dagegen gekämpft, es auch nur zu hoffen. Und doch war sie eines Morgens wieder da – und wiederum wurde der Drache von ihrem Anblick erschüttert, noch tiefer, wenn dies möglich war... Diesmal konnte er sich nicht vergessen, und so konnte er ihren Anblick schon nach kurzer Zeit nicht mehr ertragen. Aber er fühlte zugleich, dass er es auch nicht ertragen würde, sich abzuwenden. Wehrlos verharrte seine große Gestalt hinter den Büschen – und ganz unbewusst setzte er mit seiner großen Tatze einen sanften Schritt nach vorn...
In tiefem Entsetzen gewahrte er, dass das Mädchen den Blick in seine Richtung wandte – und ihn sah. Unfähig, etwas zu tun oder sich nur zu bewegen, blickte der Drache unmittelbar in das Antlitz des Mädchens, in seine klaren, reinen Augen – und ertrank in ihnen. Alle Zeit schwand, alle Vergangenheit, alle Umgebung. Es gab keine Wälder, keine Seen, keine Menschen. Es gab nur ein einziges Mädchen, ein einziges Augenpaar – und eine einzige unendliche Erlösung, Hoffnung...
Doch die Ewigkeit zerbrach, das Mädchen wandte sich um, warf sich auf sein Pferd und jagte davon.

Unendliche Verzweiflung... Der große Drache aß nichts und trank nichts mehr... Keine einzige Bewegung des Mädchens ging ihm aus dem Sinn. Wie lange hatte sie ihn angesehen? Warum hatte sie nicht geschrien? Hatte in ihrem Entsetzen, und *davor*, noch etwas anderes gelebt? Hatte er nicht auch in diesem Augenblick noch ihr Wesen wahrgenommen, Offenheit, Verwunderung, Wärme...? War dies nicht die Ewigkeit gewesen, die sie für Momente verbunden hatte, bevor das Entsetzen sich einschlich und überwog? Aber, ach, es waren müßige Fragen, die er sich Tag um Tag, Stunde um Stunde stellte, denn sie würde niemals wiederkehren.

Doch sie kam wieder! Der Drache hörte ihr Pferd, nur eines... Zögernd näherte sie sich dem See, stieg ab...
Zögernd band sie das Pferd an einen Baum, blickte dann in seine Richtung, wo er sich tief verborgen hielt. Die Gedanken stürmten in seinem Kopf. Nie wieder wollte er sie erschrecken, es wäre ihm genug, sie so zu sehen wie jetzt, für einige Momente, das Glück ihres Anblicks zu erleben. Wieder überwältigte ihn das Erschauern. Des Mädchens suchender Blick... Aber was, wenn sie nicht wiederkehren würde? Was, wenn er sie nun doch das allerletzte Mal sehen würde? Wieder machte er ganz unbewusst einen Schritt zu ihr hin.
Das Mädchen, das sich ein wenig zur Seite gewandt hatte, fuhr herum, und wieder begegnete ihr Blick dem des Drachen. Wieder stand er hilflos und sah von neuem, wie Staunen und Entsetzen in ihren Augen sich mischten, miteinander rangen. Er konnte ihre Angst nicht ertragen und wollte zurückweichen – da sah er, wie sie selbst ihr Entsetzen bezwang und wie nur Furcht und Offenheit zurückblieben... Der Drache wagte es nicht, auch nur einen weiteren Schritt zu tun, doch er fühlte, wie sein ganzes Wesen flehte, das Mädchen wiederzusehen. Und eine Träne löste sich von seinen Augen...
Hatte das Mädchen sie gesehen? Wuchs nicht ihre Verwunderung in ihren wunderschönen Augen? Doch auch sie wagte nicht, etwas zu tun. Nach einer langen Zeit band sie zögernd ihr Pferd los und ritt, nach einem letzten langen Blick zurück, davon.

Dieser letzte Blick war es, der dem Drachen nun nicht mehr aus dem Sinn ging, den er in jedem Moment bei sich trug. Er war ihm wie ein Versprechen erschienen, obwohl er nicht gewusst hätte, dies zu begründen. Er aß und trank nun – und hoffte...
Und nach einigen Wochen war sie wieder da. Der Drache wusste, dass er auch nach tausend Malen von ihrem Blick überwältigt werden würde – und er wusste, dass dies das größte Glück war, was es gab: besiegt zu werden von demjenigen Wesen, dem man unterliegen *wollte*.
Wieder sah er die Furcht in ihren Augen, aber in dieser lebte zugleich der Keim von etwas, was er noch niemals, niemals erlebt hatte: das Erlebnis eines beginnenden Vertrauens... Und diesmal blieb die Prinzessin stehen, als er einen Schritt nach vorn setzte, auch, als er einen zweiten Schritt machte...
Als der Drache aus den Büschen heraustrat, sah er in ihren Augen, wie ihr Herz doch wiederum zu rasen begann. Sofort blieb er stehen und rührte sich nicht mehr. Er verstand, dass das Mädchen von Furcht überwältigt wurde, und sah ihr nach, bis sie verschwunden war. Wiederum hatte sie ihm einen letzten Blick geschenkt, in dem trotz aller Furcht ihr ganzes Wesen lag...

Und als das Mädchen wiederkehrte, war der Keim des Vertrauens zu einer zarten Vertrautheit geworden. Wieder griff die Furcht mächtig das Herz des Mädchens an – doch ihr Vertrauen war ebenso stark und drängte die Furcht zurück, hielt sie im Zaum. Schnell ging ihr Atem, und doch blieb sie stehen, während der Drache langsam Schritt vor Schritt setzte.
Und dann ereignete sich das größte Wunder: Als er ihr ganz nahe gekommen war, erlebte er in ihren Augen, dass das Vertrauen ganz überwog; die Furcht schien sinnlos zu werden – und sie trat zögernd einen Schritt auf ihn zu.
Was für eine Unendlichkeit lag in dieser Gebärde! Der Drache wurde von einer Woge innerer Erschütterung überwältigt. Dass dieses Wesen zuließ, dass er sich näherte, war mehr, als er glauben konnte. Dass sie *selbst* sich ihm näherte, überstieg alles, was er erfassen konnte. Ihm drohten die Sinne zu schwinden. In tiefer Überwältigung senkte er sein Haupt und legte sich

ihr zu Füßen... Ergebung floss in seinen Adern, reine Hingabe, eine Hoffnung, die keine Worte hatte.
Und das Mädchen hob zögernd seinen Arm und berührte ihn sanft. Die schuppige Haut blieb gefühllos gegen die Pfeile hunderter Ritter – doch die Hand eines Mädchens durchschlug alle Abwehr und ließ das mächtige Wesen des Drachen bis ins Innerste erzittern...

Der Drache wusste in demselben Moment, dass diese Berührung für immer den leuchtenden Mittelpunkt seines Lebens bilden würde – für immer gegenwärtig, für immer das heilige Mysterium aller Erinnerung. Etwas Höheres konnte es nicht geben – nur noch ein inneres Band, das aus *vielen* solcher Momente gewoben wurde. Wie tief es aber auch reichen würde – es hätte mit diesem ersten Moment begonnen, der für immer der heiligste war...

*

Wir können eigentlich nichts weiter tun, als uns von dem *Mysterium* immer tiefer berühren zu lassen. Von dem Mysterium, dass es etwas gibt, was so rein, so unschuldig und so *gut* sein kann wie ein Mädchenherz.

Es gehört auch zu diesem Mysterium, dass selbst das unschuldigste Herz eines Jungen der Sanftmut, Empfindsamkeit und Hingabe der Mädchenseele nicht gleichkommen kann. Und es gehört dazu, dass selbst der empfindsamste Junge nicht die gleiche Anmut der *Gestalt* hat, diese Weichheit, das Sanfte und Fließende, das so Wunderschöne des Mädchens bis in die Leiblichkeit hinein.

Unschuldige Schönheit und das Geheimnis des *Guten* – sie verbinden sich in der *Liebe des Mädchens* zu einem alles erlösenden Zauber...

Ein Buch über das Wunder der Mädchen wäre nichts weiter als ein absonderliches Zeugnis eines extremen Schwärmers, der im falschen Jahrhundert geboren wurde, wenn es nicht in einen tieferen Zusammenhang gestellt würde. Dieser Zusammenhang wurde bereits immer wieder berührt. Nun aber soll er auch in einem eigenen Kapitel beleuchtet werden.

Der Mann hat eine tiefe Sehnsucht nach dem Mädchen oder der Frau. Diese Sehnsucht ist leiblich und seelisch. Sie ist Gegenstand unzähliger Bücher und Filme. Und doch wird die letztere heute immer weniger verstanden. Was ist die seelische Sehnsucht des Mannes nach der Frau oder dem Mädchen?
Sehnsucht gilt immer dem, was man nicht hat. Wonach sehnt sich die männliche Seele in der weiblichen Seele? Was hat diese ... und worin unterscheidet sich die Seele einer Frau von der eines Mädchens?

Wir haben die Seele des Mädchens in den vorangegangenen Kapiteln kennengelernt. Es ist die Seele *des* Mädchens – eines Mädchens, das ganz und gar *nur* Mädchen ist, ganz rein. Und Mädchen mit einer reinen Seele. Aber zum Urbild des Mädchens *gehört* es, eine reine Seele zu haben. Sanftheit, Hingabe, Unschuld – all dies ist nicht voneinander zu trennen, es wirkt zusammen, es sind zusammenwirkende Wesenszüge, und es sind ebensosehr Wesenszüge des Mädchens, wie es Wesenszüge einer reinen Seele sind. Das Mädchen ist zur reinen Seele geschaffen.
Der Unterschied zwischen Mädchen und Frau liegt im Alter – und in dem, was mit diesem Unterschied einhergeht. Auch die Frau besitzt noch Sanftheit und Hingabe, aber nicht mehr vollständig. Eine Frau hat einen eigenen Willen, einen eigenen Verstand – und diese sind Offenbarungen eines eigenen Wesens, wir können es das erwachte Ich nennen. Wir sind

damit schon im nächsten Kapitel, aber genau hier liegt der Unterschied. Beim Mädchen ist das Ich noch nicht erwacht. Bei den heutigen Mädchen *ist* es schon sehr stark erwacht, aber bei dem Urbild des Mädchens erwacht es erst wirklich an dem Punkt, wo es aufhört, Mädchen zu sein, und beginnt, Frau zu werden.

Das Mädchen ist also ohne wirklich erwachtes Ich gleichsam noch ganz weitgehend *reine* Seele auch im Sinne von: rein Seele. Seine Sanftheit und Hingabe ist noch *vollständig*, dadurch auch seine Unschuld – es will noch *nichts* für sich, sein Herz ist noch *ganz* rein.

Der Unterschied zwischen dem Mädchen und der Frau liegt in der vollen Unschuld des Mädchens – die eine natürliche Unschuld ist. Die reine Seele des Mädchens *kann* nur unschuldig sein, die reine Seele der Frau *will* es.

Die Sehnsucht des Mannes nach der Frau ist die Sehnsucht nach bewusster Sanftheit, die Sehnsucht des Mannes nach dem Mädchen ist Sehnsucht nach natürlicher Unschuld.

Das Erleben *natürlicher* Unschuld kann die Seele ebenso stark erschüttern wie ein anderes erschütterndes Naturereignis. Kaum etwas ist so tief berührend wie *natürliche Unschuld*. Es ist wie eine Offenbarung – und es *ist* ja auch eine Offenbarung. Es ist die Offenbarung einer höheren Wirklichkeitssphäre – jener Sphäre, in der die Wirklichkeit der *Liebe* wohnt. Sanftheit, Hingabe, Unschuld – das sind Seelenregungen, die nicht aus dem Leib stammen können, es sind Offenbarungen einer himmlischen Welt.

Sie scheinen ganz dem sanften Leib des Mädchens zu entsprechen, aber diese Entsprechung existiert nur, weil auch der Leib aus diesem Geheimnis heraus gestaltet wird, denn er soll ja die Seele offenbaren... Im Mädchen offenbart schon der Leib das Himmlische, aber die Seele tut es mit ihrer ganzen Leuchtkraft...

Man kann nun sagen, dass die Sehnsucht des Mannes nach dem Mädchen die Sehnsucht nach einer reinen Hingabe sei und dass ein solcher Mann offenbar nicht fähig zu gleichberechtigten Beziehungen sei – was sogar auch noch für die Sehnsucht nach der Frau gelte, wenn auch diese durch ihre Hingabe beschrieben wird. Ein solcher Blick würde aber das Wesen dieser Sehnsucht ganz verkennen.
Sicher *kann* dieser Blick oft zutreffend sein. Doch je reiner und idealistischer diese Sehnsucht ist, desto mehr ist der Mann sehr wohl zu tief menschlichen Beziehungen in der Lage, *gerade* dann. Denn dann sehnt er sich nicht nach dem ‚schwachen Mädchen' – etwa um es zu dominieren –, sondern er verehrt die *Unschuld* des Mädchens. Nicht die Schwäche sucht er, sondern die Unschuld. Und diese nützt er nicht aus, sondern verehrt sie. Er sucht die Hingabe des Mädchens, um sich *ihm* hinzugeben, einem solchen Mädchen, gerade einem solchen und keinem anderen. Und seine Verehrung bedeutet, dass der Mann sich sehr wohl bewusst ist, der reinen Seele des Mädchens überhaupt würdig werden zu müssen. Er weiß, dass er die Hingabe des Mädchens verdienen muss – und dass er sie nur verdient, wenn er seine eigene Seele so rein und edel macht wir nur möglich.
Der Mann, der die Unschuld des Mädchens liebt und verehrt, weiß, dass er dessen Hingabe im Grunde *niemals* verdient, weil er das unschuldige Mädchen im Grunde wie den Einbruch einer Engelwelt in die irdische Welt wahrnimmt – und sein ganzes Streben, dieser Unschuld würdig zu werden, ist im Grund nur *Ersatz* dafür, dass er selbst niemals ein *Engel* werden kann.

Aber hier berühren wir den Kern der Verehrung des Mannes für das Mädchen, seiner Sehnsucht nach dem Mädchen. Es ist wirklich die Sehnsucht nach dem Heiligen. Sehnsucht nach Sanftheit, Unschuld und Hingabe ist in tiefstem Sinne nicht nur Sehnsucht nach Sanftheit für ihn (den Mann), sondern es ist Sehnsucht nach Sanftheit und Unschuld *an sich*. Es ist die Sehnsucht nach dem Heiligen des Mädchens an sich. Die Sehnsucht nach dem Mädchen ist die Sehnsucht nach dem *Engel*, wirklich nach etwas Heiligem.

Für den Mann *ist* das Mädchen ein Engel. Die Unschuld, die das Mädchen offenbart, ist für den Mann unfassbar, etwas Unbekanntes, der Einbruch einer höheren Wirklichkeit, und das *ist* es auch tatsächlich.

Dasselbe Erlebnis könnte auch die Frau haben, aber sie ist den Mädchen nun einmal noch näher – und sie *war* ja auch einmal ein Mädchen. Naturgemäß bewundert eine Frau weniger das, was sie einmal war und zum Teil noch immer ist, aber der Mann kann das, was er nie war und erst recht nicht ist, in voller Tiefe verehren...

Die Frau verehrt dafür im Mann dasjenige, was *sie* nicht ist.

*

Indem wir uns in diese Tatsache vertiefen, kann uns deutlich werden, was diese Sehnsucht wirklich umfasst.

Es geht nicht um das Angenehme, was es für einen Mann vielleicht hat, wenn sich ein Mädchen ihm hingibt – es geht in dieser Betrachtung um keinerlei Selbstbezug und selbstbezogenen Genuss. Es geht um etwas Heiliges, um das Wesen von *Verehrung*. In Wirklichkeit ist es die Seele des Mannes, die sich dem *Mädchen* hingibt, weil sie eine existentielle Sehnsucht nach dessen Wesen hat.

Das aber bedeutet, die Seele des Mannes sucht die Unschuld – sie sucht sie im Mädchen, sie verehrt sie im Mädchen, aber sie tut dies, weil sie sie auch selbst sucht. Man kann nichts verehren, was man nicht selbst sucht – man verehrt gerade das, *was* man selbst sucht.

Verehrung ist die Vorstufe der Verwandlung...

Wenn die Seele ihre eigene Verehrung ernst nimmt, liegt in dieser – egal, worauf sie sich bezieht – immer der Wunsch, *selbst so zu werden* wie das, was man verehrt.

Niemals würde die Seele die Unschuld verehren, wenn sie nicht in ihrem tiefsten Wesen selbst unschuldig werden wollte. Und doch kann es noch ein weiter Weg von der Verehrung bis zu dieser Erkenntnis sein – und ein noch weiterer Weg bis zu einem wirklichen Streben, diese Erkenntnis zu verwirklichen. Verehrung ist leicht und schön – sich selbst zu verwandeln, ist schwer und anstrengend.
Verehrung ist die Vorstufe der Verwandlung – aber man kann auch ewig bei der alleinigen Verehrung stehen bleiben.
Wenn der Mann seine Verehrung für das unschuldige Mädchen tief ernst nehmen würde, müsste er empfinden, dass er dem Mädchen nur gerecht wird, wenn er selbst tief unschuldig wird. Wie kann man ein unschuldiges Mädchen verehren – und es in einer schuldigen Welt lassen wollen? Die Welt kann man nicht unmittelbar ändern, aber *sich* kann man ändern.

Und das ist es doch gerade, was ein solches unschuldiges Mädchen in einem wachruft: ‚Ändere dich... Ich bin eine Botin des Himmels...' Ein unschuldiges Mädchen sieht vielleicht die ganzen Schwächen der übrigen Menschen gar nicht, das gerade macht seine Unschuld aus. Aber man selbst sieht dennoch gleichsam durch die Augen des Mädchens seine eigenen Schwächen in aller Deutlichkeit, denn man sieht durch die eigenen Augen die Unschuld des *Mädchens*, und der Kontrast wird übergroß erlebbar...
Im Angesicht eines unschuldigen Mädchens erwacht der unmittelbare Impuls, all seine Schwächen unsichtbar zu machen, sie zu verbergen, aber sie in zweiter Hinsicht wirklich zu beseitigen, das heißt, zu verwandeln. Das unschuldige Mädchen, das wie etwas Heiliges in unsere Welt, unseren

Umkreis tritt, sät in unser Herz den starken Impuls, *gut* zu werden, so unschuldig zu werden wie dieses Mädchen. Wir wissen, dass das nicht möglich ist – aber die Sehnsucht ist geweckt. Und sie war immer da. Es ist die Ur-Sehnsucht des Mannes. Zunächst ist es nur die Sehnsucht nach dem Mädchen. Aber dahinter steht und darinnen lebt die Sehnsucht nach der verlorenen Unschuld selbst.

Auch die Sehnsucht des Mannes nach der Frau richtet sich auf das, was der Mann nicht hat. Auch dort ist die Sehnsucht nach Sanftheit im Grunde eine Sehnsucht nach verlorenen Seiten des eigenen Wesens und damit nach einer inneren Entwicklung. In der Sehnsucht nach dem *Mädchen* aber wird diese Sehnsucht umfassend – und wenn der Kern dieser Sehnsucht bewusst wird, offenbart sich, dass die Seele tief innerlich die Sehnsucht nach einer *völligen* Verwandlung, völligen Läuterung hat.

Auch die Seele des Mannes, der das Mädchen verehrt, will Mädchen werden. Sie will dabei gar nicht das verlieren, was sie hat – und was das Mädchen oder die Frau am Mann verehrt –, aber sie will auch Mädchen werden. Und sie wird es auch. Die Seele des Mannes, der das Mädchen verehrt, wird selbst sanft, sie wird selbst hingebungsvoll, und sie wird selbst unschuldig. Sie wird dies alles zunächst gegenüber dem Mädchen, das sie verehrt. Aber sie kann es immer mehr auch überhaupt werden. Es liegt nur an ihr, wie ernst sie ihre eigene Verehrung des Mädchens und seines Wesens nimmt und wie weit sie mit ihrer eigenen Verwandlung gehen will.
Auch die Seele des Mannes kann ganz Mädchen werden – und sei es auf männliche Art. Es gibt auch eine männliche Sanftheit, eine männliche Hingabe und eine männliche Unschuld – dann lebt *in der männlichen Seele selbst* auch das Mädchen.

Die tiefe Sehnsucht der Seelen nach dem anderen Geschlecht ist eine Sehnsucht, ihm gleich zu werden. Das Kostbare der Verschiedenheit wird trotzdem immer erhalten bleiben. Alles, was der Mann entwickelt, wird immer seinen Charakter behalten können, und umgekehrt. Die Sanftheit des Mannes, der Mut des Mädchens. Die Seelen können ihre Geheimnisse teilen und so innig aufeinander zugehen, ohne ihr eigenes Wunder zu verlieren...

Und doch sind die Richtungen entgegengesetzt. Das Mädchen muss, wenn es auf der Erde, wie sie ist, nicht untergehen will, zur Frau werden. Der Mann aber muss, wenn er dem Himmel wieder näherkommen will, sich dem *Mädchen* nähern. Das Mädchen *ist* schon unschuldig, es kann nur dasjenige in sich aufnehmen, was sein Wesen so verwandelt, dass es nicht mehr (ganz) Mädchen ist. Der Mann dagegen kann etwas aufnehmen, was seine Seele wieder reiner und unschuldiger macht.

Das Mädchen ist die Heiligung der Seele des Mannes...

Der Mensch hat nicht nur eine Seele, sondern auch einen Geist, ein Ich, und das Ich – nicht das Ich-Bewusstsein, sondern das reale Ich – ist nicht männlich oder weiblich, sondern *es ist*. Das individuelle Geistwesen des Menschen ist ewig. Das Seelische gewinnt nur da Ewigkeitswesen, wo es dem Geist ähnlich wird.
Der Mensch inkarniert sich in jedem Leben in einen Leib, der entweder männlich oder weiblich ist. Dies ist also ebensowenig ewig wie das bloß Persönliche. Nicht das Persönliche ist ewig, sondern nur das wahrhaft Individuelle, die ewige Individualität, die sich hinter dem Persönlichen und durch das Persönliche hindurch offenbart und offenbaren will (lateinisch *personare* = hindurchtönen).

Wir haben bereits in dem letzten Kapitel gesehen, dass Sanftheit oder Hingabe nicht nur Wesenszüge sind, die allein auf das Weibliche beschränkt sind. Sie gehören zum Wesen des Weiblichen, aber sie *können* auch Wesenszüge der *Individualität* werden. Dann ist der Mensch nicht nur sanft oder zu tiefer Hingabe fähig, weil er in diesem Leben einen weiblichen Leib und eine weibliche Seele gewählt hat, sondern weil es wirklich Teil seines ewigen Wesens geworden ist.

Was ist nun Seele und was ist Geist?

Die Seele ist das, was den Geist offenbart – die tiefste moralische Willensrichtung, das tiefste moralische *Wesen*. Das wahre Wesen der Individualität ist *ewig*. Das aber bedeutet, das, was am Menschen wahrhaft ewig ist, ist das Individuelle. Die Individualität kann aber alles in ihr Wesen aufnehmen.
Im Reich des Geistes lebt alles, was ewig ist. Darum ist die geistige Welt auch die moralische Welt – denn das Urwesen des Moralischen ist ewig. Gerechtigkeit, Hingabe, Sanftmut, Sanftheit, Anmut, Mitleid – als rein Geistiges ist dies unver-

gänglich. Man kann es ‚Ideen' nennen, aber in der geistigen Welt ist alles *wesenhaft*. Die Sanftheit, die Anmut, die Unschuld – in ihrer Wirklichkeit sind auch dies *Wesen*, deswegen ist es kein Wunder, dass ältere Zeiten dies noch erlebten und so zu Begriffen von Göttinnen kamen. Letztlich kleidete sich dieses Erleben wieder in menschliche Vorstellungen, so dass die Göttinnen nur entsprechende *Züge* bekamen, die sich auch mischten, aber im Grunde muss man alles in seiner reinen Wirklichkeit als wesenhaft erleben lernen. Es *ist* eine wesenhafte Wirklichkeit, und es ist eine wirkliche Wesenhaftigkeit, ein wirkliches Wesen. Die Sanftmut ist selbst ein *Wesen*, die Anmut ist ein *Wesen*, die Unschuld ist ein *Wesen*. In der geistigen Welt ist *alles* Wesen.

So ist auch das Urbild des *Mädchens* in der übersinnlichen Welt etwas Wirkliches, etwas real Existierendes. In der übersinnlichen Welt existiert *das Mädchen*. Da aber sind die Wesen nicht getrennt wie die physischen Leiber auf Erden.
Die Griechen glaubten, dass die Chariten die Anmut schenken. In Wirklichkeit muss man es sich anders, viel geistkonkreter vorstellen. Die Chariten *sind* die Anmut, sinnlichübersinnlich vorgestellt. Die Anmut selbst hat keine einzelne Gestalt, die festgehalten werden kann, sie ist eine *geistige* Wesenheit. Wollte man sie festhalten, käme man zu dem Begriff der Chariten – und schließlich zu Vorstellungen, wie sie Maler und Bildhauer verwirklichten. In Wahrheit aber ist die Anmut etwas viel Reineres, Größeres und Wirklicheres – sie ist *als solche* eine Göttin, und selbst bei ‚Göttin' dürfen wir uns nichts vorstellen. Es geht darum, zu erleben, was *Anmut* ist, sie selbst, nicht als ‚Eigenschaft' oder Wesenszug an einem anderen Wesen, sondern als Wesen *für sich*. Anmut *ist* etwas – und was sie ist, das ist ihre wahre Wirklichkeit. Anmut ist ein Wesen. Es gibt ein Wesen, das die Anmut ist. Und überall, wo ein anderes Wesen anmutig ist, da wird es

vom Wesen der Anmut *durchdrungen*, da ist die Anmut selbst *anwesend*, im Wesen des anderen Wesens.

Das lebendige Urbild des Mädchens in der übersinnlichen Welt, also *das Mädchen*, ist jenes eine Wesen in jener Welt, das in einzigartiger, harmonischer Weise die Hingabe, die Anmut, die Schönheit, die Unschuld in sich vereinigt – aber nicht als Eigenschaften, sondern als Wesen. Diese Wesen finden sich im Mädchen zusammen. Das Mädchen aber ist nicht nur der ‚Ort' oder die ‚Hülle', sondern es ist ebenfalls ein Wesen. In der übersinnlichen Welt wirkt alles in Harmonie zusammen. Man kann sagen, Anmut, Schönheit, Unschuld, Hingabe, sie bilden durch ihr Zusammenwirken das Urbild des Mädchens; aber man muss es anders sagen: Das Urbild des Mädchens *ruft* diese anderen Wesen zu diesem einzigartigen Zusammenwirken zusammen, es *ist* dieses Zusammenwirken. Sein Wesen ist das, was diese anderen Wesen zusammenführt und eint. Ohne das wesenhafte Urbild des *Mädchens* würden sich diese anderen Wesenheiten niemals in *diesem* Zusammenklang offenbaren können.

In der übersinnlichen Welt ist *alles* wirklich, alles eigenständig und zugleich alles einander durchdringend und auch wiederum ‚abhängig' voneinander. Das gerade ist Harmonie, das ist Zusammenklingen, himmlische Musik in ihrer realen Wirklichkeit. Was wir nur nacheinander oder als Eigenschaften denken können, ist in der übersinnlichen Welt sich gegenseitig durchdringend und jeweils vollwirklich als *Wesen* existierend.

Aber der Mensch ist auch ein geistiges Wesen, auch ein Mädchen auf Erden ist eine Individualität, es ist nicht *nur* Mädchen, es ist auch Mensch, ein ganz individueller Mensch, der vom Mädchen zur Frau wird, aber immer mehr ist als nur das, Frau oder Mann.

Nun kann man zwei Grenzfälle denken, die alle übrigen umschließen.

In einem Mädchen kann sich eine Individualität so offenbaren, dass sie ganz auf das Nur-Menschliche zielt, dass sie also im Grunde überhaupt nicht als Mädchen angesehen werden will, sondern als Mensch – auch später nicht als Frau, sondern als Mensch. In unserer Zeit ist die Tendenz immer stärker, als individueller *Mensch* gesehen werden zu wollen, als Individualität.
Viele Menschen verbinden das Geschlecht ihres Leibes mit ihrem Ich-Gefühl, für andere ist das Geschlecht etwas sehr ‚Akzessorisches', und sie fühlen sich sehr stark als Mensch, als Individualität, und das Geschlecht nur als Beiwerk. Dennoch sind es wohl die Ausnahmen, die sich mit ihrem gegenwärtigen Geschlecht *gar* nicht identifizieren und das Gefühl haben, es könnte genauso gut das andere Geschlecht sein, ohne dass sich das Ich-Empfinden irgendwie ändern würde. In der Regel spielt das Geschlecht in die Lebensempfindung schon hinein, man fühlt sich vom anderen Geschlecht angezogen und so weiter.
Dennoch kann man darüber hinaus trotzdem deutlich empfinden, dass das eigentliche *Wesen* der eigenen Individualität noch über das Geschlecht hinausgeht und im Grunde überhaupt nicht an dieses gebunden ist. Im Grenzfall fühlt sich der Mensch *ganz* als Ich und fühlt sich im Leibe ebenso fremd wie heimisch, weil es genauso gut das andere Geschlecht sein könnte und *jedes* der beiden Geschlechter eine Einseitigkeit darstellt. Das ist der eine Grenzfall.

Der andere Grenzfall ist, dass ein Mädchen durch und durch *Mädchen* ist. Das bedeutet nicht, dass dieses Mädchen keine Individualität hätte. Es bedeutet nur, dass die Individualität sich ganz dem leiblich-seelischen Sein *dieser* Inkarnation hingibt und ‚mit Leib und Seele' wirklich ganz Mädchen ist. Es ist eine Hingabe an das Weibliche, ohne dass die Geistwesenheit sich dem in irgendeiner Weise entgegenstellt. Sie hat es gleichsam nicht ‚nötig', sich gegen die naturgegebene

Einseitigkeit zu behaupten, sondern gibt sich im Gegenteil dieser vollkommen hin. Es ist also auch in diesem Fall letztendlich die Geistwesenheit selbst, die durch ihre widerstandslose Hingabe, ja durch aktive Verwirklichung dieser Hingabe, gleichsam so vollkommen wie möglich das *Urbild des Mädchens* verwirklicht und zur Erscheinung bringt.

Eine Individualität kann verschiedene Impulse auf die Erde mitbringen. Der Impuls zur Individualität ist heute überall spürbar. Aber wie offenbart er sich zunächst? Als dunkler Drang nach ‚Freiheit' und ‚Selbstverwirklichung'. Man folgt seinen Interessen, Sympathien, Begabungen, man macht seine Hobbys zum Beruf, wenn es möglich ist, und so weiter. Aber inwieweit spricht sich hier schon die Individualität aus? Was ist die Individualität? Was sind wahrhafte Geistimpulse? Was ist *mehr* als nur die rein persönlichen Vorlieben dieser Inkarnation oder auch nur Lebensphase? Wo scheint wirklich das höchste Geistige, die wahre Individualität mit ihren Geistimpulsen durch das bloß Persönliche hindurch?

Wir haben heute eine völlig falsche Vorstellung von Individualität. Wir halten das für individuell, was sich möglichst außergewöhnlich und unangepasst aufführt – aber ist das in jedem Fall individuell? Darin wirkt zwar der Drang zum Individuellen, aber er wirkt zunächst nur dunkel und kann leicht zur bloßen Extravaganz und Exzentrizität werden.

Exzentrisch bedeutet ‚außerhalb des Mittelpunktes'. Die wahre Individualität ruht in jedem Fall in sich selbst. Sie hat es gar nicht *nötig*, sich äußerlich großartig von Anderen zu unterscheiden, das Sich-Unterscheiden wird bei der wahren Individualität nie zum *Selbstzweck* werden. In dem heute wirkenden dunklen Drang *ist* es häufig zum Teil Selbstzweck geworden. Man sucht das Extravagante, um sich als Individualität zu *fühlen*. Man hat noch nicht die Möglichkeit, sich rein von *innen* heraus individuell zu fühlen, ohne dies auch äußerlich betonen zu wollen und zu müssen. Das wahrhaft Indivi-

duelle braucht aber keinerlei äußere Betonung, es ruht ganz in sich, es schöpft sein individuelles Wesen ganz aus sich heraus. Es reicht ihm, um seine eigene Individualität zu wissen, es braucht sie nicht zu ‚zeigen' – an Äußerlichkeiten, die doch immer nur Symbole des Individuellen sein können.
Die wahre Individualität zeigt sich weniger in den äußeren Hüllen, in Kleidung, Schminke etc., als vielmehr im ganzen Wesen des Menschen, seiner Seele und seinen Taten, bis ins Kleinste.

Was bedeutet das nun für das *Mädchen*? Was bedeutet es für ein Mädchen, das ganz Mädchen wäre?
In früheren Zeiten hätte man aus heutiger Sicht gesagt: Nun, ein solches Mädchen fügt sich einfach in die von ihm erwartete Rolle ein. Aber das wäre auch schon für die frühere Zeit nicht wahr gewesen. Anpassung ist etwas völlig anderes als Wesen. Sicher kann sich ein Mädchen bis zu einem gewissen Grade daran anpassen, dass von ihm Sanftheit, Hingabe und so weiter verlangt wird. Dies ist aber etwas völlig anderes, als dass ein Mädchen sanft und voller Hingabe *ist*. Das galt in seiner Tiefe auch damals schon nur für eines von hundert Mädchen – und für die anderen eben nur teilweise oder zeitweise...
Und heute? Heute drängen alle Umstände dazu, *nicht* mehr das Urbild zu erfüllen. Wenn ein Mädchen heute der Anpassung folgt, muss es gleichsam schon dadurch widerspenstig, frech, schlagfertig, selbstständig und so weiter sein. Der Anpassungsdruck führt heute *weg* vom Urbild. Man kennt es immer noch – das Urbild des unschuldigen Mädchens –, aber jedes Mädchen müsste sich heute schämen, es zu verwirklichen, denn es stieße auf Spott und Häme, nicht auf Lob und Liebe.
Das bedeutet, dass keinerlei Anpassung heute mehr in die Richtung des Urbildes wirken kann, die Anpassung führt nur davon weg. In allem werden Mädchen heute dazu ermutigt,

nicht einfach Mädchen zu sein, sondern freche Mädchen, individuelle Mädchen, erfolgreiche Mädchen, stylische Mädchen, Mädchen, die selbstbewusst ihre Attraktivität unterstreichen etc. etc.
Das Rollenbild hat sich völlig gewandelt. Es geht immer noch um das Geschlecht, aber in Verbindung mit einem starken Selbstbewusstsein und einer starken Selbstverwirklichung, die sich von denen der männlichen Seite in nichts mehr unterscheiden.
Wenn unter *diesen* Bedingungen ein Mädchen noch immer das Urbild offenbart, so tut es dies nicht aus einem Mangel an Individualität, auch wenn es so *erscheint*, sondern dies *ist* gerade seine Individualität: Ein Sich-Offenbaren vollkommen gegen den äußeren Zeitgeist, ohne jede Beeinflussung durch diesen.

Wenn heute Mädchen sich nahe dem Urbild offenbaren, dann ist das, was sie offenbaren, erst recht ihr Wesen – offensichtlicher als in allen früheren Zeiten und offensichtlicher als bei allen Geschlechtsgefährtinnen, die äußerlicher die ‚Selbstverwirklichung' suchen.
Ein Mädchen, das heute das Urbild offenbart, sucht nicht Selbstverwirklichung, sondern es verwirklicht Sanftheit, Anmut, Hingabe und Unschuld – und dies *ist sein Wesen*. Es verwirklicht sein Wesen, ohne einer Äußerlichkeit zu bedürfen, weil sein Wesen in einem ganz innerlichen *Sein* liegt. Dieses Sein ist ein solches, das eine tiefe, schöne und wahre Moralität entwickelt hat, eine sehr weitreichende Schönheit und Reinheit der Seele.
Die Reinheit der Seele ist nicht Ich-Schwäche, sie ist Ausdruck einer weitreichenden Entwicklung durch viele Erdenleben hindurch. Die naturgemäße Entwicklung geht hin zu einem immer stärkeren Anwachsen der selbstbezogenen, egoistischen Impulse. Nur bewusste individuelle Entwicklung führt heute noch in die umgekehrte Richtung: hin zu einer

Läuterung der Seele, zu einer Reinigung und Befreiung von den selbstbezogenen Impulsen. Die Richtung zum Egoismus ist heute *ohne* Ich-Stärke möglich, ja, geschieht von selbst, man muss sich einfach nur anpassen und mitschwimmen. Die Richtung zur *Selbstlosigkeit* erfordert heute gerade bewussten Willenseinsatz und wirkliche Ich-Stärke – oder aber wesenhaft gewordene Moralität, beruhend auf einer entsprechenden Entwicklung in früheren Leben –, denn man wird bestraft und verspottet werden, jedenfalls auf unzählige Hindernisse stoßen, die alle leicht zu umgehen wären, wenn man sich für den Egoismus entscheiden würde.

Ein Mädchen, das heute sehr rein das unschuldige Urbild offenbart, beweist also durch seine unmittelbare Erscheinung eine außergewöhnliche Stärke seines höheren Ich, seiner wahren Individualität.

Die Seele des unschuldigen Mädchens hatte und hat den Mut zu wahrhafter Heiligkeit, seine Individualität hat den Mut und die Kraft, sich bis zum Urbild zu erheben, eine solche Läuterung der Seele zu erreichen, dass kein niederes Ich voller Selbstbezug dem reinen Geistwesen, das sich nun als ‚schöne Seele' offenbart, irgendein Hindernis in den Weg stellt – eben weil jenes schon geläutert und verwandelt wurde.

Nicht jedes Ich muss sich als schöne Seele offenbaren, das Ich dieses Mädchens wollte es – und nicht nur als schöne Seele im allgemeinen, sondern wirklich als *Mädchen*.

*

Das Mädchen vereint in sich alle Eigenschaften, die die Welt verwandeln und heilen und heiligen können. Es ist in aller Unschuld das, was, wenn es voll *bewusst* werden würde und wird, *die Heilige* ist.

Das Mädchen ist tatsächlich heilig, aber noch unbewusst. Erwacht das Mädchen zur Bewusstheit und behält dieselbe reine Seele, die es hatte, wird es eine Heilige. Hingabe und

Unschuld – wie sonst soll das Leid der Welt wahrgenommen, empfunden und aufgenommen werden, wie sonst soll es verwandelt werden? Nur aus Hingabe und Unschuld wird dasjenige geboren, was wirklich heilen und heiligen kann: Mitleid und Liebe.
Schon das Mädchen besitzt diese – und je mehr es ganz erwachen wird, in seinem Ich, werden diese weltverwandelnd wirken können. Mitleid und Liebe...

Das ist das Mädchen, das ist die Heilige, das ist die Unschuld.

Man könte dies auch für den Mann beschreiben. Mitleid und Liebe sind das heilige Geheimnis des Urbildes des Menschen überhaupt. Aber das *Mädchen* besitzt jenes Wesen, das diesem heiligen Ziel so nahe ist wie niemand sonst. Der Mensch soll in gewisser Weise ein Engel werden – das Mädchen *ist* es schon.
Das Mädchen ist die heilige Hüterin des höchsten menschlichen Geheimnisses – der reinen Liebe.

*

Aber auch jedes andere Mädchen, das das Urbild nicht offenbart, sondern nur etwas davon, trägt dazu bei, dass die Menschheit nicht ganz verhärtet, sondern dass in ihr das Sanfte, das Weiche, das weibliche Element erhalten bleibt – um hoffentlich einst wieder mehr Gewicht zu bekommen.

In diesem Zusammenhang kann man die Emanzipation nur mit Traurigkeit anschauen. Sicher war sie notwendig, um die Frauen aus der Fremdbestimmung zu befreien, aber sie hat zunächst nur dazu geführt, den Frauen gleiche Rechte in einer verhärteten Welt zu erkämpfen. Oft ging dies nur um den Preis, dass auch Frauen sich wie Männer behaupten müssen.

Die Menschheit hat aber nur eine Zukunft, wenn sie das Wesen des Weiblichen viel stärker zur Geltung kommen lässt.
Die heutige Welt ist mehr und mehr unmenschlich. Sie ist nicht einmal männlich, auch dies nur in pervertierter Form. Aber es waren die Männer, die die Perversion des heutigen egomanen Kapitalismus einschließlich der Naturzerstörung, Rüstungswettläufe, Kriege und mörderischen Konkurrenzkämpfe geschaffen hat.
Geheilt werden kann dies nur durch das Element des *Weiblichen*. Die Frauen hätten nicht nur für ihre Befreiung kämpfen dürfen – sie hätten für die Befreiung der Männer kämpfen müssen. Für die Befreiung der Männer von ihrer Besessenheit durch etwas Unmenschliches. Das Urbild des Mannes ist nicht der gefühllose Macho, Manager oder Börsenhai, sondern der edle Ritter – und im Alter dann der weise König oder Priester.
So gesehen ist die ganze Welt einem dunklen Bann verfallen – und die männliche Menschheit schon seit langem. Die Emanzipation hätte keine Frauenbefreiung sein dürfen, sondern die Frauen hätten die Männer befreien müssen, von dem Bann, der sie immer mehr fesselt.

Nur zwei Kräfte können die Menschheit heute noch retten: Geist-Erkenntnis und Seelenwärme. Und dann gibt es noch eine dritte Kraft: die Kraft der Unschuld als solche.
Der Mann und die Frau müssen die ersten beiden Kräfte verwirklichen, urbildlich der Mann die erste, die Frau die zweite, als Mensch aber können beide beides in die Welt bringen.

Die dritte Kraft aber tritt mit jedem *Mädchen* in die Welt, das sein eigentliches Wesen nicht dem Zeitgeist opfert. Und diese Kraft vermag wahrhaft Wunder zu vollbringen. Nichts ist so heilig und heilend wie sie, die Unschuld – die Kraft des Mädchens...

Mögen die Menschen diese wahrhaft heilende und heilige
Kraft doch nur immer tiefer empfinden!

*

Die Menschheit ist unmenschlich geworden.
Kälte und Gier heißen Dämonen,
die sie wie ein Alp besetzen,
getarnt als männlich-effiziente Logik
und doch nur Dämonie und Abgrund.

Der Mann verfiel dem Zauberbann
Und riss die Welt hinab,
die Frau befreite sich nur halb,
kämpft mit in Mannes Welt
und unterliegt nun dieser –
und hat auch selbst die Ich-Sucht aufgesogen,
der zweite Dämon dieser Welt.

Bleibt nur noch *eine* Rettung,
die heilend-heilig kann vom Banne lösen,
ein Engel, der einzig nicht verfiel dem Bösen.
Nicht Mann, nicht Frau, trägt es
noch rein die Unschuld und oft großen Schmerz:
das *Mädchen* – und sein reines Herz.

Ich erwarte nicht, dass ein Buch wie dieses von vielen Menschen verstanden wird. Sicher wird es viele Spötter und Feinde finden – auf Seiten der Männer, der Frauen ... und der Mädchen. Sie alle werden mich für mein ‚Mädchenbild' verdammen – und wohl am meisten die Mädchen selbst.

Aber ich habe nicht von *den* Mädchen geschrieben, die heute existieren, wie sie sind, unterworfen all den Einflüsterungen der Gegenmächte, die aus dem Menschen ein immer stärker selbstbezogenes Wesen machen wollen, sondern ich habe von *den* Mädchen geschrieben, die in sich wahrmachen, was ein *Mädchen* ist, rein, ohne Einflüsterungen.
Man könnte ein solches Buch auch für den Mann, die Frau, den Jungen schreiben – ich habe es für das Mädchen getan, eigentlich als ein Geschenk an das Mädchen, wo auch immer es sein mag; und für die Welt, damit sie wieder empfinden lernen kann, was ein Mädchen in Wahrheit ist.

Ein Mädchen ist ein Wunder – mitten in dieser Welt...

Das heilige, ferne Ziel der Menschheit ist ein Durchdringen der ganzen Seele mit dem Geist der Liebe, so dass beides nicht mehr unterscheidbar ist – dass die ganze Seele durchdrungen ist von jenem Licht, das sie zum Leuchten bringt. Die innige Einheit von Geist und Seele, von Liebesgeist und liebender Seele, sie ist das heilige Ziel – das auf dem heiligen Weg der Freiheit und der eigenen, bewussten Entwicklung erreicht werden soll.
Im *Mädchen* steht dieses heilige Ziel wie ein Urbild vor der Seele. In ihm ist das Gute, der Geist der Liebe, innig und ganz mit der Seele verbunden – aber er ist es aufgrund seiner natürlichen *Unschuld*. Die Unschuld ist es, die diese innige Einheit hervorbringt. Die Menschheit muss diese *verlorene* Einheit durch freien Willen und eigene Sehnsucht wieder

herstellen. Das gerade ist die Läuterung der Seele – ihre Erlösung zu ihrem heiligen Zukunfts-Sein, das so innig mit ihrem Ur-Zustand zusammenhängt und doch völlig verwandelt ist, weil es das Geheimnis des *freien Willens* in sich aufgenommen hat.

Im Urbild des *Mädchens* steht dieses Zukunfts-Sein als erschütterndes Bild vor uns. Es scheint in ihm bereits verwirklicht zu sein. Und doch ist die *natürliche* Unschuld nicht die zukünftige Unschuld. Wir sind als Menschheit aus diesem Zustand herausgefallen. Das Mädchen offenbart ihn noch – aber es gibt ihn eigentlich nicht mehr ... so, wie es auch das Mädchen fast nicht mehr (und noch nicht wieder) gibt. Was es aber offenbart, ist das Höchste – sowohl in Vergangenheit als auch in Zukunft: ein reines Herz ... die Unschuld des Herzens.
Das Mädchen offenbart *beides* – Vergangenheit und Zukunft. Sieht man natürliche Unschuld, offenbart es die Vergangenheit, sieht man *bewusste* Unschuld, offenbart es die Zukunft.

Die Offenbarung der Unschuld wirkt immer heilend. So ist das Mädchen Botin und Heilerin zugleich.

Siehe – das ist das *Mädchen*.

Bitte, Mädchen, bleib auf Erden,
entzieh dich uns nicht ganz,
wie soll uns je die Zukunft werden
ohne deiner Unschuld Glanz?
Die Menschheitssehnsucht braucht dein Bild,
dein reines, schönes Herz –
hilf uns, du Engel, heilig-mild,
auch selbst zu gehen himmelwärts!

Dein weiches Haar, dein leichtes Kleid,
die zarte Wölbung deiner Brust...
Wie ist so alles sanft!
Anmutig neigst du dein Antlitz der Rose zu,
wie lieblich ist, Mädchen, deine ganze Gestalt,
ist, was du bist, was du tust, was du zeigst.
Deine Erscheinung berührt so innig,
denn in ihr lebt so sehr dein Wesen...
Da trifft mich auf einmal dein unschuldiger Blick,
und bis ins Innerste getroffen
fühlt meine Seele sich erhoben
in ein heilig-reines Reich –
Mädchen, du Botin der Engel!